월드 오브 워크래프트
공식 요리책

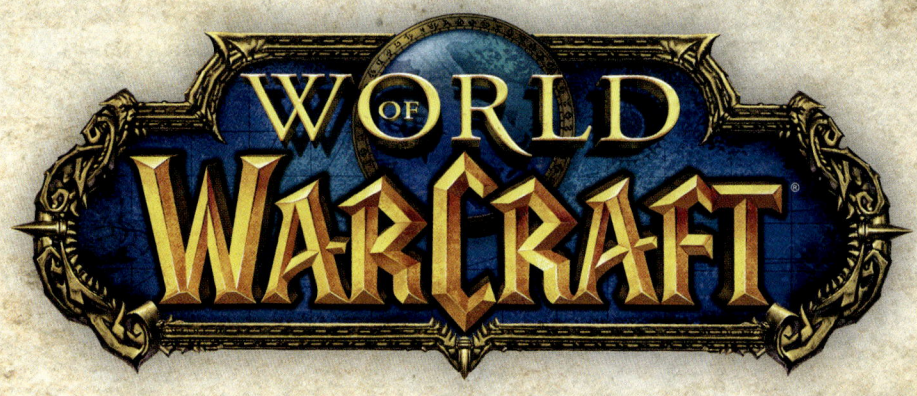

월드 오브 워크래프트
공식 요리책

첼시 먼로 카셀

차 례

6	작가의 말
9	아제로스 음식 요리하기
10	식이 제한
13	업적 달성

양념과 기본 재료

17	고대 판다렌 향료
18	가을 약초
19	축제일 향료
20	북지 양념
21	휘핑크림
21	쿠키용 로열 아이싱
22	뿌리는 아이싱 & 글레이즈
22	플레이키 파이 도우
23	버터 페이스트리 도우

사이드
간식의 길

27	삶은 조개
29	대머리수리 꼬치
31	고구마 맛탕
33	게살 케이크
35	새콤달콤 덩굴월귤 소스
37	바삭바삭한 박쥐 날개
39	지옥 달걀과 햄
41	알 약초구이
43	꿀이끼
45	당근 볶음
47	저민 장가르 양송이
49	시큼한 염소 치즈
51	양념빵 범벅
53	양념 육포
55	매콤한 야채 튀김

57	속 채운 싱싱버섯
59	추적자 과자
61	야생 철쭉 떡

브레드
빵의 길

65	버터듬뿍 밀 롤빵
67	창조된 크루아상
69	옥수수 만나빵
71	딱딱한 크래커
73	가을 축제 전통 프렛첼
75	체더 & 맥주 딥소스
77	튀긴빵
79	벌꿀빵
81	칼도레이 건강잣빵
83	멀고어 양념빵
85	단팥빵
87	부드러운 바나나 빵
89	고구마 빵

수프와 스튜
국물 요리의 길

93	텔드랏실정통 팥죽
95	조개 수프
97	용숨결 칠리
99	황금 잉어탕
101	미지근한 야크구이 국
103	양념 꽃 수프
105	뜨끈한 삼계탕
107	김 나는 염소 국수
109	서부정통 스튜
111	삼조탕
113	위핑 수프

메인 요리
본식의 길

- 117 맥주로 양념한 멧돼지 갈비
- 119 바삭바삭한 거미 튀김
- 121 더지의 기똥찬 키메로크 찹스테이크
- 123 연어 숯불구이
- 125 숲타조 다리
- 127 그라추의 엄마손 고기 파이
- 131 아이언포지 휴대 식량
- 133 오그릴라 닭발 튀김
- 135 메추라기 구이
- 137 돌연변이 물고기 별미
- 139 땅콩 닭꼬치
- 141 서서히 구운 칠면조
- 143 부드러운 뾰족엄니 스테이크
- 145 겨울맞이 숯불구이

디저트
후식의 길

- 149 선홍딸기 타르트
- 151 츄르릅 버찌 파이
- 153 파티 초콜릿 케이크
- 155 초콜릿 과자
- 157 창조된 마나 찐빵
- 159 창조된 마나 사과빵
- 161 달라란 초코빵
- 163 열대과일 튀김
- 165 맛 좋은 초콜릿 케이크
- 169 생강 과자빵
- 171 고블린 쿠키
- 173 그라추의 말린 과일 듬뿍 케이크
- 175 얼음 망고
- 177 친절한 모저씨의 머핀
- 181 양념 석류사과 저밈
- 183 호박 파이
- 185 쌀 푸딩
- 187 라일라크 발톱
- 189 설탕 범벅 꽈배기
- 191 아롱다롱 경단

드링크
음료의 길

- 195 선인장 사과 별미
- 196 체리 그로그주
- 197 가르의 운향귤즙
- 199 겨울 할아버지 꽁꽁주
- 200 하스글렌 불멸주
- 201 꿀박하 차
- 202 따뜻한 사과맛 탄산수
- 203 밀림덩굴 포도주
- 204 과일동동 맛나주
- 205 달빛주
- 206 판다렌 매실주
- 207 진주 우유차
- 208 볶은 보리차
- 209 남쪽 섬 냉차
- 210 겨울맞이 에그노그

- 212 잔치의 중요성
- 213 아제로스의 축제
- 215 요리별 식이 제한 정보표

작가의 말

게임 속 요리를 실제로 재현하는 건 사실 매우 어렵다. 그 이유는 '가상 세계'라는 설정 때문이다. 가상 세계에서는 해당 음식에 대한 정보가 대체로 부족하다. 영양가가 매우 높은 음식이라 하더라도 스튜는 그냥 스튜이고, 빵은 그저 빵일 뿐이다.

그러다가 돌연 가상 세계만의 창의적이고, 독창적이며, 독특한 영역이 펼쳐진다. '워크래프트' 세계가 바로 그렇다. 그곳에선 셀 수 없이 많은 강과 바다에서 희귀종을 비롯한 각종 물고기가 잡히고, 판다리아 농부들과 거대 작물을 노리는 토끼과의 사투가 벌어진다. 또한 수많은 게임 속 캐릭터들을 도와 맛있고 위험한 요리의 재료를 찾으러 다닌다.

음식에 대한 정보가 부족해도 문제지만, 너무 많아도 곤란하긴 마찬가지다. 특히 신화적 동물들을 요리하는 일은 컴퓨터 앞에 앉아서 할 때야 좋지, 실제 주방에서 하려 들면……. 음, 좀 복잡하다고 해두자.

이 요리책을 준비하면서 게임 속 조리법을 최대한 그대로 재현하되 가능한 한 간단하게 만들려고 노력했다. 독자들이 이 책에서 익숙한 요리들도 발견하고, 새로운 조리법도 탐험할 수 있는 기회가 되었으면 한다.

모든 독자들이 이 책을 읽으면서 배불리 먹을 수 있길 바란다.

-첼시 먼로 카셀

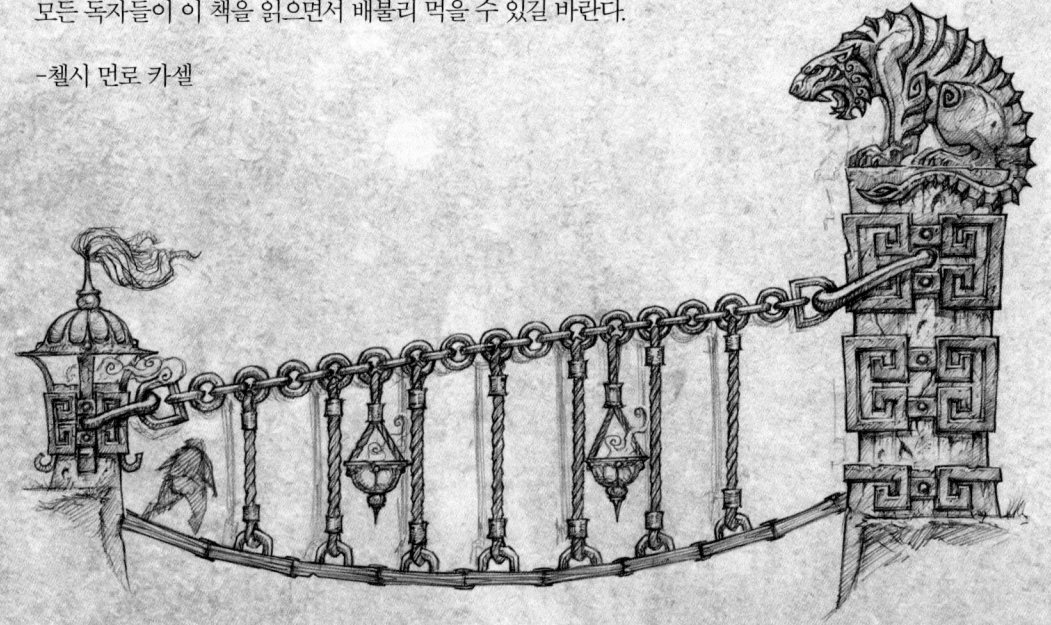

아제로스 음식 요리하기

아제로스 음식을 요리하려면, 불 피우는 법부터 제대로 배워야 한다. 먼저 불쏘시개와 잔가지를 구하고, 그다음엔······.

아, 그게 아니라 당신의 집에서 아제로스 요리를 만들고 싶다고? 그래, 그렇게 할 수도 있겠다. 아제로스 요리가 기본적으로 게임 속 아이템들로 만들어지긴 했지만, 아예 불가능한 일도 아니니까. 다만 게임 속 요리를 실제 음식으로 만들려면 조리법을 살짝 수정하는 건 어쩔 수 없다. 일단 재료들을 준비하는 게 먼저일 테니, 근처 시장에 가서 '키메로크 찹스테이크'를 만들 고기를 사오자. 그다음에는 대형 수레를 끌고 경매장에 가서 '츄릅아삭 당근'을 구해오는 거다. 어, 왜 내 얘길 그런 표정으로 듣는 거지?

잠깐, 실제 세계에는 키메로크가 없어서 요리를 못하겠다니 그게 무슨 말인가? 애초에 가상 세계의 재료로 만드는 요리책인데, 당최 이 책을 산 이유가 뭐란 말인가?

아무것도 걱정할 필요 없다. 가상 세계의 요리임에도 우리가 그 맛을 상상할 수 있는 것은 아제로스 요리가 실제 음식을 바탕으로 하고 있기 때문이다. 그러니 가상 세계의 재료를 그대로 쓰지 않는다 하더라도 〈월드 오브 워크래프트〉의 미학이 담긴 음식을 얼마든지 만들 수 있다. 향신료, 소금, 후추, 채소, 고기 등 적절한 재료를 쓰기만 하면 멀고어의 평원에 있는 듯한 느낌을 주는 요리가 탄생할 것이다. 물론 게임 속의 고기를 실제로 구할 수 있다면 금상첨화! 게다가 불가능한 일도 아니다. 예를 들어 '미지근한 야크구이 국'의 독특한 맛을 살리고 싶다면, 들소고기를 구해보자. 새로운 조리법으로 요리하는 것의 가장 큰 매력은 뭐니 뭐니 해도 새로운 시도를 한다는 것일 테니 말이다. 자, 그러니 근처 시장에 가서 새로운 '퀘스트'를 마음껏 수행해보자.

현대 사회에 들어서 식품이 아무리 세계화되었다 하더라도 좋은 향신료는 여전히 그만의 이국적인 풍미를 간직하고 있다. 신선한 계피의 톡 쏘는 향과 주니퍼베리의 얼얼하고 시원한 맛은 그 어떤 것과도 비교할 수 없다. 향신료들은 여러 세대를 걸쳐 귀한 대접을 받아온 만큼 저마다의 역사가 있기 때문에 요리에 정통성을 담아내는 데 도움이 된다. 더는 요리 초보에 머무르지 말고, 갖고 있는 향신료 품목을 업그레이드해보자. 주방에 오래 묵혀둔 계핏가루가 있다면 이번 기회에 새롭게 바꿔보자. 새로운 후추 품종이나 다양한 소금 종류를 경험해보자. 이 모험의 끝에는 군침이 절로 도는 맛있는 음식이 기다리고 있다.

식이 제한

요즘 시대에는 식이 제한 때문에 고군분투하는 사람들이 상당히 많다. 남을 위해 요리할 때도 예외는 아니다. 내가 식이 제한 식단 전문가도 아니고, 이 주제에 대해서는 아마 나보다 더 잘 아는 독자들이 많을 것이다.

이 책의 뒤편에 요리별로 채식주의, 비건, 글루텐 프리 등 식이 제한을 표시한 정보표를 실었다. 또한 식이 제한에 맞게 조리법을 수정할 수 있도록 별도로 표시해두었다. 각자의 식이 요법에 맞게 조리법을 수정할 수 있는 가이드라인을 공개하니, 모든 독자들이 아무 걱정 없이 요리를 즐길 수 있길 바란다.

채식주의 식단으로 변경하기

이 책에는 채식주의자들을 위한 조리법이 많지만, 그렇지 않은 경우에도 채식주의에 맞게 응용할 수 있다.

변경 사항은 요리에 따라 매우 간단하다. 예를 들어 베이스 국물을 낼 때 육수 대신 채수를 쓰거나, 고기에 소스를 뿌리는 요리의 경우에는 육류 대용 식품이나 채소를 그릴에 굽고 소스를 뿌리면 된다.

글루텐 프리 식단으로 변경하기

최근 글루텐 프리 밀가루 제품이 온·오프라인 식료품점에서 판매되고 있다. 대부분 철저한 테스트를 통해 베이킹과 조리에 적합하게 만들어진 제품이다. 다음은 글루텐 프리 식단을 위한 기본적인 가이드라인이다.

빵: 베이킹은 글루텐 프리 식단에 맞추기 가장 까다로운 분야다. 나는 당신이 좋아하는 글루텐 프리 빵 조리법을 더욱 특별하게 만들어줄 재료를 추가하라고 권하는 편이다. '멀고어 양념빵'과 '칼도레이 건강잣빵'도 마찬가지다. 그리고 '부드러운 바나나 빵'이나 '고구마 빵'의 경우에는 레시피에서 밀가루를 글루텐 프리 제품으로 바꾸기만 하면 된다.

걸쭉한 농도 만들기: 농도를 걸쭉하게 만들기 위해 소량의 밀가루를 넣어야 하는 경우, 밀가루를 옥수수전분, 쌀가루 또는 선호하는 글루텐 프리 밀가루 제품으로 대체하면 된다.

가장 중요한 것은 새로운 시도를 두려워하지 않는 자세다. 별다른 식이 제한이 필요 없어서 조리법을 변경하지 않아도 되는 사람들도 한번 기존 레시피의 재료들을 과감하게 바꿔보자. 세계 최고의 레시피는 아직 시작 단계에 있다. 그러니 영감이 떠오르는 대로 당신의 입맛에 맞게 마음껏 시도해보라. 놀고, 먹고, 즐겨보자!

업적 달성

향미의 조합을 마스터하고자 하는 모험가라면 헌신과 인내 그리고 낯선 조리법도 기꺼이 시도하겠다는 의지를 갖춰야 한다. 다음의 퀘스트를 달성하여 요리의 대가가 되어보자.

요리사 등급 레벨업하기

단계별로 다섯 개의 요리를 완수하면 레벨이 상승한다. 수습생 레벨부터 시작해서 대가 레벨에 이르기까지 차근차근 올라가보자.

1) 단계별로 요리를 다섯 개씩 만든다.

>   간식의 길
>
>   빵의 길
>
>   국물 요리의 길
>
>   본식의 길
>
>   후식의 길
>
>   음료의 길

2) 드디어 당신은 요리의 대가가 되었다.
   이제 가서 사람들에게 맛있는 요리를 선사하라!

양념과 기본 재료

고대 판다렌 향료 · 17

가을 약초 · 18

축제일 향료 · 19

북지 양념 · 20

휘핑크림 · 21

쿠키용 로열 아이싱 · 21

뿌리는 아이싱 & 글레이즈 · 22

플레이키 파이 도우 · 22

버터 페이스트리 도우 · 23

고대 판다렌 향료

숙련도: 수습생
조리 시간: 5분
분량: 약 ¼컵

이 양념은 샤오하오 황제 이전 시대부터 수천 년간 판다렌 요리의 핵심 재료였다. 판다렌 특유의 독특한 향신료의 조합이 당신의 요리에 역사의 숨결을 불어넣어줄 것이다.

화자오(쓰촨 후추) … 3작은술
펜넬 씨 … 2작은술
계핏가루 … 2작은술
아니스*가루 … 1작은술
정향가루 … 1작은술
카르다몸가루 … 1작은술

* 달콤한 맛이 나는 향신료. 별 모양의 '스타 아니스'와는 다른 것이다. 아니스를 구하기 어렵다면 감초로 대체해도 무방하다.

1. 마른 팬에 향신료를 모두 담고, 중불에 몇 분간 가볍게 볶는다. 중간 중간 향신료가 타지 않게 저어준다. 살짝 노릇해지면서 좋은 향이 나기 시작하면, 불을 끄고 식힌다.

2. 볶은 향신료를 향신료 그라인더 또는 커피 그라인더에 넣고 곱게 간다. 작은 밀폐용기에 담아 직사광선이 닿지 않는 곳에 보관한다. 이 양념은 수개월간 두고 먹을 수 있지만, 신선할 때 소진하는 편이 좋다.

사용 가능한 요리
양념 꽃 수프 (103쪽)
양념 석류사과 저임 (181쪽)
쌀 푸딩 (185쪽)

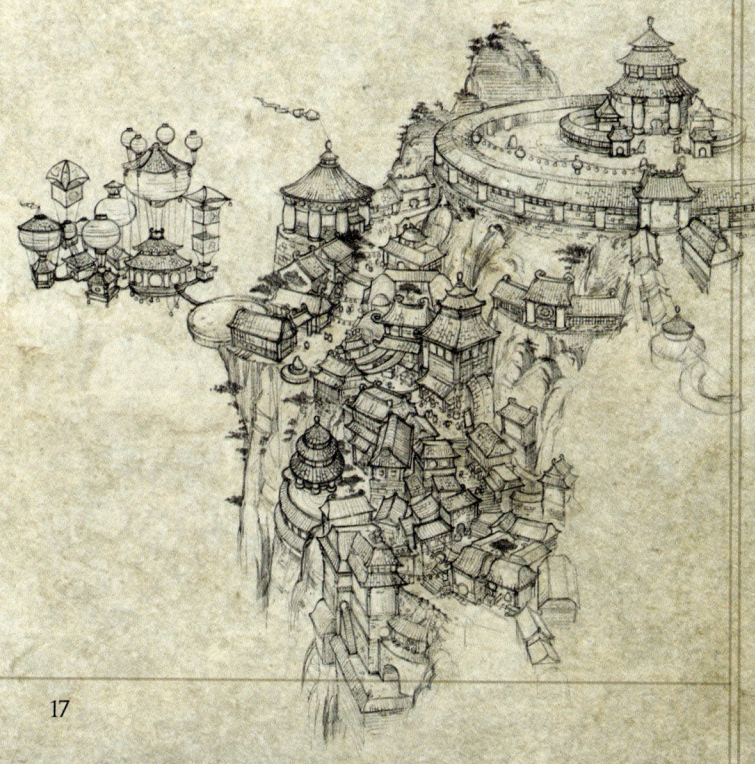

가을 약초

숙련도: 수습생
조리 시간: 5분
분량: 약 ¼컵

해가 짧아지고 날씨가 쌀쌀해지면, 가족이나 친구와 함께하는 흥겨운 만찬이 생각나기 마련이다. 각종 허브를 혼합한 '가을 약초'는 스톰윈드 셰프들이 가장 애용하는 재료로, 풍성한 수확을 기념하는 순례자의 감사절에 진수성찬을 차릴 때 주로 사용된다.

말린 로즈마리 … 2큰술

말린 타임 … 2작은술

말린 마저럼 … 1작은술

계핏가루 … ½ 작은술

육두구가루 … ¼ 작은술

생강가루 … ¼ 작은술

푸른 수레국화 잎(선택 사항) … 1작은술

수레국화 잎을 제외한 나머지 재료를 모두 섞는다. 향신료 그라인더 또는 커피 그라인더에 넣고 큰 조각이 보이지 않을 때까지 간다. 수레국화 잎을 추가하여 밀폐용기에 넣어 보관한다.

사용 가능한 요리
고구마 맛탕(31쪽)
서서히 구운 칠면조(141쪽)

축제일 향료

숙련도: 수습생
조리 시간: 5분
분량: 약 ¼컵

겨울맞이 축제 때 먹을 음식에 다채로운 향미와 온기를 가득 품은 '축제일 향료'를 활용해보자. 아무리 평범한 요리라도 연말 분위기가 확 살아날 것이다. 특히 매년 이맘때쯤 찾아오는 겨울 할아버지가 가장 좋아하는 간식을 만드는 데도 꼭 필요한 재료다.

생강가루 … 1큰술
계핏가루 … 1큰술
육두구가루 … 1큰술
정향가루 … ½ 큰술
후춧가루 … ¼ 큰술

모든 재료를 섞어서 밀폐용기에 담아 보관한다.

사용 가능한 요리
생강 과자빵(169쪽)
호박 파이(183쪽)
따뜻한 사과맛 탄산수(202쪽)

북지 양념

숙련도: 수습생
조리 시간: 5분
분량: 약 ¼컵

향기로운 향신료들의 조합은 음식에 풍미와 온기를 더해준다. 특히 쌀쌀한 노스렌드 지역에서는 이러한 온기가 무척 중요해서 전통적으로 '북지 양념'을 사용해왔다.

카르다몸 … 1큰술
말린 주니퍼베리 … 1큰술
훈제 소금 … 1작은술
후추 … ½ 작은술
생강 … ½ 작은술
올스파이스 또는 육두구 … ¼ 작은술

모든 재료를 향신료 그라인더 또는 커피 그라인더에 넣고, 큰 조각이 남지 않을 때까지 간다. 밀폐용기에 담아 보관한다.

사용 가능한 요리
추적자 과자(59쪽)
뜨끈한 삼계탕(105쪽)
연어 숯불구이(123쪽)
부드러운 뾰족엄니 스테이크(143쪽)

휘핑크림

숙련도: 수습생
조리 시간: 5분
분량: 약 4컵

휘핑용 크림을 전동 믹서로 3분간 휘저어서 거품을 들어 올렸을 때 끝이 살짝 휘는 소프트 픽 상태를 만든다. 각 요리에 맞는 설탕과 향미료를 추가한 후 손으로 휘젓는다.

호박 파이
백설탕 대신 황설탕을 사용한다.

설탕 범벅 꽈배기
카르다몸가루 ½작은술, 오렌지 플라워 워터 ½작은술을 추가한다.

파티 초콜릿 케이크
누텔라 또는 헤이즐넛 스프레드 ½컵(무른 상태), 코코아파우더 2큰술, 계핏가루 1꼬집을 추가한다.

기본 재료
- 휘핑용 크림 … 500㎖
- 백설탕 … 1~2큰술
- 바닐라 농축액 … 조금

사용 가능한 요리
- 파티 초콜릿 케이크(153쪽)
- 호박 파이(183쪽)
- 설탕 범벅 꽈배기(189쪽)

쿠키용 로열 아이싱

숙련도: 수습생
조리 시간: 10분
분량: 2컵(쿠키를 1회분 구울 만큼의 양)

모든 재료를 한곳에 담아 7~10분간 거품기로 느리게 휘젓는다. 거품기를 들어 올렸을 때 로열 아이싱 끝이 뾰족하게 서는 정도면 된다.

팁 : 로열 아이싱은 금방 굳기 때문에 만든 직후 젖은 키친타월로 덮어둔다.

사용 가능한 요리
- 초콜릿 과자(155쪽)
- 생강 과자빵(169쪽)

기본 재료
- 체에 친 슈거파우더 … 2컵
- 물 … 2½ 큰술
- 머랭파우더 … 1½ 큰술
- 식용 색소(필요에 따라 준비)

요리사의 팁 : 위의 두 종류 과자를 모두 만들고 싶다면, 재료의 양을 두 배로 늘리면 된다.

뿌리는 아이싱 & 글레이즈

숙련도: 수습생
조리 시간: 5분
분량: 약 1컵

슈거파우더와 바닐라 농축액을 섞는다. 여기에 우유를 조금씩 더하면서 덩어리가 생기지 않도록 힘차게 젓는다. 농도는 걸쭉하되 음식에 뿌리기 적당한 정도로 부드럽게 만든다.

라일라크 발톱
꿀 1큰술을 추가하고, 우유의 양은 1~2큰술로 줄인다.

설탕 범벅 꽈배기
바닐라 농축액을 빼고, 묽은 꿀 2작은술을 추가한다(필요하면 꿀을 데워서 사용한다).

창조된 마나 사과빵
우유를 생크림(유지방 함량 36% 이상)으로 대체하여 아이싱에 형태감을 더한다.

슈거파우더 … 1컵
바닐라 농축액 … 조금
우유 … 2~3큰술

사용 가능한 요리
창조된 마나 사과빵(159쪽)
라일라크 발톱(187쪽)
설탕 범벅 꽈배기(189쪽)

플레이키 파이 도우

숙련도: 수습생
조리 시간: 15분
숙성 시간: 30분
분량: 1회분

1. **버터를 이등분한다.** 중간 크기의 그릇에 버터 반 개와 밀가루를 넣고, 버터가 완두콩 크기가 될 때까지 손가락으로 비벼서 으깬다. 나머지 버터 반 개를 손바닥으로 눌러서 납작하게 만든 후 그릇에 추가한다. 여기에 물을 붓고, 반죽에 점성이 생길 때까지 부드럽게 이긴다. 반죽을 납작한 원형으로 빚은 후 랩으로 감싸서 저온에 30분간 휴지시킨다.

2. **휴지시킨 반죽을 꺼내어 밀가루를 얇게 깐 판에 올린다.** 반죽에 밀가루를 조금 뿌리고, 긴 직사각형으로 밀어 편다. 그런 다음 반죽을 3등분으로 접어서 뒤집는다. 다시 긴 직사각형으로 밀어 편 뒤, 3등분으로 접는다. 이렇게 하면 반죽이 얇고 가벼워진다. 마지막으로 반죽을 작은 직사각형으로 밀어 편 뒤, 균일하게 이등분한다. 랩으로 감싸서 저온에 보관하고, 필요할 때 꺼내어 사용한다.

요리사의 팁 : '츄르릅 버찌 파이'에 이 반죽을 사용할 경우, 설탕(그래뉴당) 2큰술을 추가하고 밀가루 ¼컵분을 아몬드밀(almond meal, 아몬드를 껍질째 간 것)로 대체한다.

밀가루(중력분) … 2¼ 컵
가염 버터(차가운 상태) … 113g
물 … ¼ 컵

사용 가능한 요리
그라추의 엄마손 고기 파이(127쪽)
선홍딸기 타르트(149쪽)
츄르릅 버찌 파이(151쪽)
호박 파이(183쪽)

버터 페이스트리 도우

숙련도: 수습생
조리 시간: 15분
숙성 시간: 6시간
분량: 라일라크 발톱 20개, 사과빵 2개 또는 크루아상 20개

1. 큰 그릇에 따뜻한 물, 드라이이스트, 설탕 1꼬집을 넣고 섞는다. 이 상태로 몇 분간 두면 이스트가 부글거리기 시작한다.

2. 그동안 밀가루, 버터 몇 조각, 소금을 푸드 프로세서에 넣고, 버터가 대략 콩알만 한 크기가 될 때까지 작동시킨다.

3. 남은 설탕, 달걀 2개, 생크림을 1의 그릇에 넣고 힘차게 젓는다. 여기에 2의 내용물을 조금씩 추가하면서 완전히 섞일 때까지 이긴다. 반죽을 이등분한 후 눌러서 납작한 원형으로 만든다. 랩을 씌워 최소 6시간 이상 저온에 휴지시킨다. 랩으로 꼼꼼하게 감싸놓으면, 저온에 수일간 보관이 가능하다.

4. 반죽은 한 번에 한 덩어리씩 꺼내어 작업한다. 먼저 밀가루를 얇게 간 판에 반죽 한 덩어리를 올린다. 반죽 양면에 밀가루를 살짝 뿌리고, 긴 직사각형으로 밀어 편다. 반죽 양끝을 접어 3겹으로 만든 다음, 밀대로 밀고 반죽을 뒤집는다. 다시 접고 밀기를 반복한다. 랩으로 감싸서 냉장고에 넣어두고 필요할 때 꺼내어 쓴다. 반죽을 얼리면 최대 2개월까지 보관이 가능하다.

요리사의 팁 : 이 반죽을 구우면, 결이 얇게 벗겨지면서 버터 맛이 느껴지는 맛있는 빵이 만들어진다. 1회분이 상당히 많으니 반죽을 이등분해서 각기 다른 요리를 만들어보는 것도 좋겠다.

따뜻한 물 … ½ 컵
활성 드라이이스트 … 2작은술
백설탕 … ¼ 컵
달걀 … 2개+1개(글레이즈용)
생크림(유지방 함량 36% 이상) … ½ 컵
밀가루(중력분) … 3½ 컵+조금(반죽에 뿌리는 용도)
가염 버터(차가운 상태, 여러 조각으로 잘라놓기) … 226g
소금 … ½ 작은술

사용 가능한 요리
창조된 크루아상(67쪽)
창조된 마나 사과빵(159쪽)
라일라크 발톱(187쪽)

사이드
간식의 길

삶은 조개 · 27

대머리수리 꼬치 · 29

고구마 맛탕 · 31

게살 케이크 · 33

새콤달콤 덩굴월귤 소스 · 35

바삭바삭한 박쥐 날개 · 37

지옥 달걀과 햄 · 39

알 약초구이 · 41

꿀이끼 · 43

당근 볶음 · 45

저민 장가르 양송이 · 47

시큼한 염소 치즈 · 49

양념빵 범벅 · 51

양념 육포 · 53

매콤한 야채 튀김 · 55

속 채운 싱싱버섯 · 57

추적자 과자 · 59

야생 철쭉 떡 · 61

삶은 조개

숙련도: 수습생
준비 시간: 5분
조리 시간: 5~7분
분량: 2~4인분(소량씩)
어울리는 음식: 딱딱한 크래커(71쪽), 크림 파스타

요리가 단순하다고 얕보지 마라. 부드러운 조갯살을 입에 머금는 순간, 당신은 당신의 식탁에서 서부 몰락 지대 연안의 향긋한 풍미를 느낄 수 있을 테니 말이다.

버터 … 3큰술

다진 마늘 … 3쪽분

화이트 와인 또는 맥주 … ½ 컵

바지락 … 450g

다진 생파슬리 … 1큰술

중간 크기의 냄비에 버터를 넣어 중불에 녹인 후 마늘을 넣고 몇 분간 볶는다. 마늘이 갈색을 띠기 시작하면 와인 또는 맥주를 붓고, 불 세기를 중강불로 올린다. 국물이 끓기 시작하면 해감한 바지락을 넣고 뚜껑을 덮는다. 약 5~7분간 끓이면 조개들이 입을 벌리기 시작한다. 불을 끄고, 파슬리를 넣으면서 젓는다. 조개와 국물을 개인 접시에 담고, 영양 가득한 국물을 찍어 먹을 바게트류의 빵을 곁들인다.

대머리수리 꼬치

숙련도: 수습생
조리 시간: 20분
굽는 시간: 20분
분량: 작은 미트볼 약 24개
어울리는 음식: 치즈 갈릭 파스타, 따뜻한 사과맛 탄산수(202쪽)

두둥! 새콤달콤한 소스로 뒤덮인 한입 크기의 미트볼을 맛보면, 입이 발쪽거리고 정신이 번쩍 든다. 여기에 잡조름한 베이컨 조각을 골고루 흩뿌리면, 입안으로 술술 들어가는 간식이 완성된다.

미트볼 재료

다진 칠면조고기* ··· 450g
빵가루 ··· ½ 컵
구운 베이컨 조각 ··· ½ 컵 가득
달걀 ··· 1개
양파가루 ··· 2큰술
마늘가루 ··· 2큰술

소스 재료

사과주스 ··· 1½ 컵
케첩 ··· 1컵
발사믹 식초 ··· ½ 컵
소금, 후추, 육두구 ··· 넉넉하게 1꼬집씩

* 온라인 식품판매점에서 칠면조 다리살 혹은 가슴살 등을 구입할 수 있으니, 구입하여 푸드 프로세서 등으로 다져서 사용한다.

1. 오븐을 190℃로 예열하고, 오븐팬에 유산지를 간다.

2. 큰 그릇에 미트볼 재료를 모두 담고 골고루 섞는다. 이때 손으로 섞는 것이 가장 좋다. 골프공 크기로 작게 빚은 뒤, 준비해둔 오븐팬에 약 4cm 간격으로 놓는다. 그런 다음 18~20분간 구워서 미트볼 속까지 완전히 익힌다.

3. 미트볼이 익는 동안 소스 재료를 모두 냄비에 넣고 30분간 뭉근히 끓여서 적당히 걸쭉하게 졸인다. 불을 끄고 완전히 익은 미트볼을 넣은 뒤, 이리저리 굴려서 소스를 골고루 묻힌다. 따뜻할 때 먹는다.

고구마 맛탕

숙련도: 대가
조리 시간: 40분
굽는 시간: 15분
분량: 6~8인분
어울리는 음식: 서서히
구운 칠면조(141쪽)

달콤한 마시멜로 머랭을 얹은 '고구마 맛탕'은 명실상부한 인기 요리이다. 짭조름한 맛과 적당하게 달달한 맛이 공존하는 것이 이 요리의 가장 큰 매력! 게다가 든든하기까지 하니 이보다 더 근사한 요리가 또 있을까. 순례자의 감사절 요리 중에서도 가장 인기가 많은 건 당연해 보인다. 물론 다른 명절 때 내놓아도 전혀 손색이 없다.

기본 재료

고구마 … 큰 것 4개
녹인 버터 … 6큰술
꿀 … 4큰술
가을 약초(18쪽) … 1작은술
황설탕 … 2큰술

마시멜로 머랭 재료

달걀흰자 … 2개분
메이플 시럽 … ¼ 컵
마시멜로 플러프 … 1컵

1. 큰 냄비에 고구마를 넣고 20~40분간 삶는다. 고구마 크기에 따라 삶는 시간이 다른데, 포크로 찔렀을 때 푹 들어갈 정도로 익히면 된다. 불을 끄고 고구마를 식힌다. 손으로 만져도 될 만큼 식으면 껍질을 벗긴다. 그런 다음 6mm 두께로 슬라이스해서 오븐팬(22×30cm)에 가지런히 올린다.

2. 오븐을 200℃로 예열해 놓는다. 버터, 꿀, 가을 약초를 섞어서 오븐팬에 놓은 고구마 위에 붓는다. 그 위에 황설탕을 뿌리고, 오븐에 넣어 약 10분간 굽는다. 그동안 고구마에 토핑으로 올릴 머랭을 만든다. 10분이 지나면 오븐에서 고구마를 꺼낸다. 고구마 위에 머랭을 물방울 모양으로 짜서 올린다. 고구마를 오븐에 다시 넣고, 머랭이 노릇해질 때까지 약 5분간 더 굽는다.

마시멜로 머랭 만들기: 달걀흰자를 약 5분간 휘저어서 거품을 들어 올렸을 때 끝이 단단하게 서는 상태로 만든다. 여기에 시럽과 마시멜로 플러프를 넣고 휘저어서 완전히 섞는다. 혼합물을 짤주머니에 담는다. 이때 짤주머니 끝에는 큰 사이즈의 깍지를 끼운다.

게살 케이크

숙련도: 전문가
준비 시간: 10분
조리 시간: 20분
분량: 작은 케이크 10개
어울리는 음식: 신선한 그린 샐러드, 지옥 달걀과 햄(39쪽)

아제로스 연안에는 가지각색의 갑각류가 서식하기 때문에 전국 어느 여관을 가더라도 갑각류 요리를 쉽게 만날 수 있다. 그중에서도 향신료가 살짝 가미된 부드러운 '게살 케이크'가 선사하는 바다의 풍미는 그야말로 일품이다.

가염 버터 … 1큰술

다진 샬롯 … 2개분

다진 마늘 … 2쪽분

게살 … 400g

빵가루 … 1컵

마요네즈 … 2큰술

달걀 … 1개

생크림(유지방 함량 36% 이상) … 2큰술

밀가루 … 1큰술

레드페퍼 플레이크 … ½ 작은술

다진 파슬리 … 1큰술 가득

소금, 후추 … 취향에 따라 준비

카놀라오일(튀김용)

시트러스류 과일 슬라이스(곁들임용)

1. **프라이팬에 버터를 넣고 중불에 녹인다.** 여기에 다진 샬롯과 마늘을 추가해 향이 나고 재료가 부드러워질 때까지 볶되 진한 갈색이 되지 않게 주의한다. 불을 끄고 카놀라오일과 과일 슬라이스를 제외한 나머지 재료들과 함께 푸드 프로세서에 넣어 큰 게살 덩어리가 남지 않도록 순간 작동 버튼을 여러 번 눌러 간다. 반죽을 작게 한줌씩 덜어 납작한 패티를 빚는다. 이때 반죽의 점성이 적다 싶으면 크림 또는 밀가루를 추가한다.

2. **프라이팬에 카놀라오일을 두르고 열을 가한다.** 게살 패티를 조심스럽게 올려 먹음직스러운 황금빛이 돌도록 약 3분간 굽는다. 패티를 뒤집어서 나머지 면도 약 3분간 익힌다. 남은 패티들도 같은 방식으로 굽는다. 패티가 완성되면 시트러스류 과일 조각을 곁들여서 먹는다.

새콤달콤 덩굴월귤 소스

숙련도: 수습생
조리 시간: 35~40분
분량: 약 4컵
어울리는 음식: 서서히 구운 칠면조(141쪽), 치즈 플래터, 잡짤한 샌드위치

《푸짐한 요리책》에 조리법이 실려 있던 순례자의 감사절 전통 소스이다. 과거에는 아제로스 이외에서는 이 조리법을 구할 수 없었다. 꿀의 달콤함과 크랜베리의 상큼함이 멋진 밸런스를 이루는 이 소스는 가족, 손님, 파티족 모두를 만족시킬 것이다. 만들기도 간편하고 다용도로 활용할 수도 있다.

양파(깍둑썰기) … 작은 것 1개

다진 마늘 … 1쪽분

생강 편강(잘게 다지기) … 1큰술

애플사이다 식초 … ½컵

꿀 … ½컵

포트와인 … ⅓컵

발사믹 식초 … 1~2큰술

정향(으깨기) … 1개

계핏가루, 고수가루, 후춧가루 … ½ 작은술씩

육두구가루, 정향가루, 소금 … 1꼬집씩

배(심을 제거하고 깍둑썰기) … 1개

사과(심을 제거하고 깍둑썰기) … 1개

생(또는 냉동) 크랜베리 … 340g

1. 큰 냄비에 배, 사과, 크랜베리를 제외한 모든 재료를 넣고, 중강불에서 약 5분간 보글보글 끓인다.

2. 배와 사과를 추가하고, 약 5분간 더 끓인다. 이때 과일이 무르되 으스러질 정도는 되지 않도록 주의한다. 불세기를 중불로 줄이고 크랜베리를 추가한다. 크랜베리가 터지기 시작하고, 농도가 되직한 잼처럼 될 때까지 약 15~20분간 더 끓인다.

3. 냉장고에 보관한다. 먹기 전에 미리 꺼내어 실온 상태로 만든다.

바삭바삭한 박쥐 날개

아비가일 쉬일의 소문난 레시피를 바탕으로 만든 이 언더시티의 스낵은 호드 종족이 가장 좋아하는 음식이다. 진짜 박쥐고기를 사용하든 닭고기로 대체하든 상관없다. 바삭하고 풍미 가득한 부드러운 살점을 베어 물면, 아무리 배고픈 모험가라도 포만감으로 가득 찰 것이다.

숙련도: 수습생
조리 시간: 10분
굽는 시간: 1시간 10분
분량: 2~4인분
어울리는 음식: 맥주, 콩, 밥, 꿀이끼(43쪽), 판다렌 매실주(206쪽)

닭 날개 … 900g
베이킹파우더 … ¼ 컵
소금 … ¾ 작은술
블랙베리 잼 … 1큰술
간장 … 2큰술
스리라차 소스 … 1작은술

1. 오븐을 120℃로 예열한다. 오븐팬에 쿠킹 포일을 깔고, 그 위에 오일을 살짝 바른 식힘망을 올린다. 식힘망은 닭 날개를 골고루 익히기 위한 것이다. 닭 날개를 물로 씻은 후 키친타월로 톡톡 두드려 물기를 없애고, 베이킹파우더와 소금 섞은 것을 닭 날개에 고루 묻힌다. 과하게 묻은 부분은 털어내고, 식힘망 위에 닭 날개를 얹는다.

2. 처음에는 120℃에서 25분간 굽다가, 온도를 200℃로 올린다. 닭 날개가 노릇한 황금빛이 될 때까지 40분간 굽는다.

3. 닭 날개를 오븐에 굽는 동안, 블랙베리 잼, 간장, 스리라차 소스를 섞어서 글레이즈를 만든다.

4. 닭 날개가 익으면 오븐에서 꺼내어 글레이즈를 붓으로 바른다. 닭 날개를 다시 오븐에 넣고 마지막으로 5분간 더 굽는다. 한 김 식혀서 먹는다.

지옥 달걀과 햄

숙련도: 대가
조리 시간: 30분
분량: 12개분
어울리는 음식: 치즈 플래터, 게살 케이크(33쪽)

이 요리는 장소와 상관없이 어디서든 먹을 수 있다. 심지어 오그리마에서도 먹을 수 있다! 특히나 이 버전은 본래의 야생 버전보다 훨씬 더 안전하게 만들 수 있다. 이 버전의 지옥 달걀과 햄을 맛보면, "그래! 이 맛이야!"라고 외칠 수밖에 없을 것이다. 담백한 풍미를 자랑하는 크리미한 퓌레 위에 바삭하고 짭짤한 프로슈토 플레이크가 올라간 자태는 매우 인상적이며 맛 또한 훌륭하다.

- 달걀 ⋯ 6개
- 와사비 페이스트 ⋯ ½ 작은술
- 파르메산 치즈 ⋯ ¼ 컵
- 아보카도(씨 제거하고 껍질 벗기기) ⋯ 1개
- 소금, 후춧가루 ⋯ 취향에 따라 준비
- 올리브오일 ⋯ 2큰술
- 프로슈토* 슬라이스 ⋯ 얇은 것 3장

1. **먼저 달걀을 삶는다.** 중간 크기의 냄비에 달걀을 넣고, 달걀이 잠길 정도로 물을 부은 후 센 불에 올린다. 물이 끓기 시작하면 불을 끄고 15분간 달걀을 그대로 두었다가 꺼내어 찬물로 헹궈서 손으로 만져도 될 만큼 식힌 뒤, 달걀 껍데기를 벗긴다. 껍데기를 다 벗기면, 달걀을 세로로 이등분하고 노른자를 퍼내어 푸드 프로세서에 넣는다. 흰자는 그대로 둔다. 푸드 프로세서에 와사비 페이스트, 파르메산 치즈, 아보카도, 소금, 후춧가루도 넣고, 부드러운 퓌레가 될 때까지 간다.

2. **숟가락 또는 짤주머니를 이용해서 흰자에 퓌레를 채운다.** 짤주머니를 사용하는 경우 구멍이 막힐 수도 있으므로 깍지는 가장 큰 사이즈를 사용하거나 아예 끼우지 않는 편이 좋다. 퓌레를 한참 전에 미리 만들어놓으면 갈변될 우려가 있으니 되도록 먹기 직전에 만들고, 만든 직후엔 랩으로 단단히 밀봉해둔다.

3. **팬에 올리브오일 1큰술을 두르고 중불에 달군다.** 프로슈토를 500원짜리 동전 크기로 찢는다. 찢고 남은 조각들의 크기가 달라도 상관없다. 어차피 맛은 똑같이 훌륭할 테니 말이다. 프로슈토를 몇 분간 튀기듯 굽는다. 중간에 한 번 뒤집어서 양면을 노릇하고 바삭하게 굽는다. 접시에 키친타월을 깔고, 그 위에 프로슈토 조각을 올려서 기름을 제거한다.

4. **퓌레 위에 바삭한 프로슈토 플레이크를 올린다.** 너무 오래 두었다 먹으면 퓌레의 색이 갈변하고 프로슈토가 눅눅해지므로 만든 즉시 먹는 편이 좋다.

* 돼지나 멧돼지의 뒷다리 혹은 넓적다리를 염장하여 건조한 이탈리아 햄이다. 살라미, 초리소 혹은 베이컨으로 대체해도 괜찮다.

알 약초구이

숙련도: 전문가
준비 시간: 10분
굽는 시간: 약 10분
분량: 2인분
어울리는 음식: 브렉퍼스트 티 또는 진한 커피

이 조리법은 꽤 쉽고 빠르게 만들 수 있어서 요리 실력을 높이고 싶은 요리사에게 연습용으로 안성맞춤이다. 게다가 아침 식사로 맛있는 알 약초구이를 든든하게 먹어두면, 모험이나 퀘스트, 전투에 언제든지 맞설 준비가 될 것이다.

신선한 타임, 로즈마리, 파슬리 다진 것 … 1꼬집씩

강판에 간 파르메산 치즈 … 1큰술

소금, 후춧가루 … 1꼬집씩

달걀 … 4개

생크림(유지방 함량 36% 이상) … 2큰술

무염 버터 … 1큰술

구운 빵(길고 가늘게 자르기, 곁들임용)

1. 오븐 위쪽 브로일러를 예열한다. 그리고 그릴망을 불이 있는 위쪽에 가깝게 위치시킨다.

2. 이 조리법에는 비밀 팁이 있는데, 바로 요리 시작 전에 모든 재료를 준비하는 것이다. 먼저 작은 그릇에 허브들, 파르메산 치즈, 소금, 후춧가루를 넣고 섞는다. 작은 그릇 또는 찻잔 2개에 달걀을 각각 2개씩 깨뜨려놓는다. 이러면 나중에 오븐용 그릇 2개에 달걀을 나눠 담기가 수월하다.

3. 작은 오븐용 그릇 2개를 오븐팬에 올린다. 무염 버터와 생크림을 오븐용 그릇 2개에 똑같이 나눠 담은 뒤, 위쪽 불과 가깝게 위치시킨 그릴망에 오븐팬을 얹어 약 2~3분간 굽는다. 내용물이 달궈지면서 거품이 일기 시작하면 재빨리 오븐팬을 꺼내고, 작은 그릇에 덜어놓은 달걀을 각각 추가한다. 미리 만들어놓은 허브 치즈가루 믹스도 원하는 만큼 뿌린 뒤, 다시 팬을 오븐에 넣고 3~5분간 더 굽는다. 흰자가 거의 익을 때쯤 오븐팬을 꺼낸다. 몇 분간 그대로 두어서 내용물을 여열로 마저 익힌 후 조심스럽게 내열 접시로 옮긴다.

4. 구운 빵을 곁들여 바로 먹는다. 접시가 아직 뜨거울 수 있으니 조심해서 먹는다.

꿀이끼

언더시티의 언데드 종족이 즐겨 먹는 고영양가 스낵인 '꿀이끼'는 보통 버섯장수들에게서 살 수 있는데, 이제는 당신도 직접 만들 수 있게 되었다.

숙련도: 수습생
준비 시간: 5분
굽는 시간: 50분
분량: 약 4인분(소량씩)
어울리는 음식: 바삭바삭한 박쥐 날개(37쪽), 드라이 화이트 와인, 각종 딥소스

- 케일 잎 … 큰 것 4~6장
- 꿀 … 2큰술
- 올리브오일 … 2큰술
- 마늘가루 … ¼ 작은술
- 카옌페퍼(또는 청양고춧가루) … 1 꼬집

1. 오븐을 93℃로 예열하고, 오븐팬에 유산지를 깐다. 케일 잎을 약 5㎝ 크기로 자르고, 두꺼운 줄기는 제거한다. 중간 크기의 그릇에 꿀, 올리브오일, 마늘가루, 카옌페퍼를 넣고 섞는다. 여기에 케일 잎을 넣어 양념을 골고루 묻힌다. 양념이 과하게 묻은 부분은 털어낸 후 오븐팬에 올린다. 이때 케일 잎들이 최대한 서로 닿지 않게 한다. 잎이 바삭해질 때까지 약 50분간 굽되, 중간에 한 번 뒤집어준다. 오븐에서 꺼낸 후 식혀서 먹는다.

당근 볶음

숙련도: 수습생
준비 시간: 10분
조리 시간: 약 15분
분량: 4~6인분
어울리는 음식: 겨울맞이 숯불구이(145쪽)

볶음의 대가인 안시아 아이언포우가 직접 지도한 조리법 중에 가장 간단한 요리가 바로 '당근 볶음'이다. 그렇다고 다른 요리보다 결코 맛이 덜한 것도 아니다. 부드러운 당근에 달콤하고 짭조름한 글레이즈를 입혔다. 살짝 씹히는 향긋한 생강이 풍미를 더한다.

당근(껍질을 벗긴 후 7.5㎝ 길이로 두껍게 채썰기) … 450g

무염 버터 … 2큰술

간장 … 1큰술

꿀 … 1큰술

다진 생강 … 1큰술

1. **큰 냄비에 소금물을 끓인다.** 물이 끓으면 당근을 넣고 부드러워질 때까지 약 8분간 삶는다. 불을 끄고 물을 따라 낸다.

2. **큰 궁중팬에 버터를 넣고 중약불에서 녹인다.** 삶은 당근과 간장을 추가하고, 당근 곳곳이 노릇해질 때까지 강불에 2분간 저으면서 볶는다. 꿀과 생강을 넣고, 당근에 골고루 묻도록 2분 이상 뒤적이며 볶는다. 서빙용 접시에 옮겨 담아 먹는다.

저민 장가르 양송이

숙련도: 수습생
준비 시간: 5분
조리 시간: 20분
분량: 2~4인분
어울리는 음식: 부드러운 뾰족엄니 스테이크(143쪽), 시골빵

이 조리법은 장가르 습지대의 대왕버섯을 얇게 깎아 만든 정교한 전통 요리를 살짝 변형한 것으로 일반 버섯을 사용한 버전이다. 재료에 약간의 변화를 주었지만 어느 메인 코스에 곁들여도 전혀 손색없는 훌륭한 풍미를 자랑한다.

무염 버터 … 3큰술

엑스트라버진 올리브오일 … 1큰술

양송이(씻어서 슬라이스하기) … 300g

다진 마늘 … 1쪽분

소금, 후춧가루 … 취향에 따라 준비

말린 타임 … 1큰술(또는 생타임 ½큰술)

밀가루 … 2큰술

비프 스톡* … 1½ 컵

우스터소스 … 1큰술

* 액상 혹은 분말을 이용해 비프 스톡을 만들 경우, 물 1½컵에 해당 재료를 적당량 넣는다.

1. 중간 크기의 프라이팬에 올리브오일을 두른 후 버터 2큰술을 넣고 중강불에 녹인다. 슬라이스한 양송이를 추가하고 조심스럽게 휘젓는다. 양송이가 버터를 거의 다 흡수하고, 숨이 적당히 죽을 때까지 몇 분간 볶는다.

2. 버섯을 팬 가장자리로 밀어 한가운데에 작은 우물을 만든다. 그 속에 버터 남은 것, 다진 마늘, 소금, 후춧가루, 타임을 차례로 넣고, 전체가 고루 섞이게 저어준다. 약 10분간 계속해서 젓다 보면 버섯에서 다량의 물이 우러난다. 버섯물이 거의 없어질 때쯤 밀가루를 뿌리고, 덩어리진 부분이 남지 않게 저어준다. 비프 스톡과 우스터소스를 추가하고, 국물이 걸쭉해질 때까지 5분간 끓인다. 불을 끄고, 완성된 요리를 먹는다.

시큼한 염소 치즈

숙련도: 전문가
준비 시간: 15분
유청 거르는 시간: 2~12시간
분량: 1컵
어울리는 음식: 사과 슬라이스, 딱딱한 크래커(71쪽)

시큼하고 크리미한 염소 치즈는 그야말로 최고다. 염소 치즈라면 사족을 못 쓰는 제이나 프라우드무어 역시 이 말에 동의할 것이다. 있는 그대로 먹어도 좋고, 향긋한 허브를 섞어도 맛있다. 편하게 누워서 좋은 책을 읽을 때 간식으로 먹기 딱 좋다.

산양유 … 950㎖

레몬즙 … 2개분(또는 애플사이다 식초 ¼ 컵)

소금 … 취향에 따라 준비

신선한 허브(파슬리, 세이지, 차이브 등) 잘게 다진 것

1. **중간 크기의 그릇 위에 체를 얹고, 체에 면포를 여러 겹 깐다.**

2. **냄비에 산양유를 붓고,** 80℃로 가열한다. 우유가 부글거리기 전에 불을 끈 다음, 레몬즙을 붓고 젓는다. 그러면 우유가 분리되면서 몽글몽글 덩어리가 생긴다. 우유를 면포에 부어 덩어리를 걸러낸다. 면포로 덩어리를 감싸 물기를 꼭 짜고, 그대로 작은 주머니 모양으로 묶어 아래에 그릇을 받치고 최소 2시간 이상 매달아놓는다. 치즈를 더 진하게 만들고 싶다면 밤새 매달아놓는다.

3. **치즈를 면포에서 꺼내어 작은 그릇에 담는다.** 소금과 선호하는 허브 종류를 넣고 섞은 후 공 또는 통나무 형태로 둥글게 뭉친다. 랩으로 단단하게 감싸면 일주일 정도는 신선하게 보관할 수 있다.

양념빵 범벅

푸짐한 칠면조 고기와 함께 먹는 '양념빵 범벅'처럼 감사절 잔칫상을 빛내주는 요리가 또 있을까?

숙련도: 수습생
조리 시간: 15분
굽는 시간: 45분
분량: 8~10인분
어울리는 음식: 서서히 구운 칠면조(141쪽)

멀고어 양념빵(83쪽) … 1덩어리(또는 큰 정육면체로 자른 빵 조각 8~10컵)

우유 … 2½ 컵

가염 버터 … ½ 컵

양파(깍둑썰기) … 1개

배(심을 제거하고 크게 깍둑썰기) … 1개

사과(심을 제거하고 크게 깍둑썰기) … 1개

달걀 … 1개

소금 … ½ 작은술

신선한 파슬리 잘게 다진 것 … 2큰술

신선한 세이지 다진 것 … 1큰술

신선한 타임 … 1작은술

1. **빵을 5cm 이하의 크기로 잘라서 밤새 말리거나 오븐에 약불로 굽는다.** 큰 믹싱볼에 빵을 담고, 우유를 붓는다. 빵이 우유를 모두 흡수할 때까지 젓는다.

2. **작은 팬에 버터를 넣고 녹인 후 양파를 넣는다.** 양파가 반투명해지면서 부드러워질 때까지 약 6분간 볶는다. 양파와 나머지 재료들을 1의 믹싱볼에 넣고, 뒤적이며 골고루 섞는다.

3. **믹싱볼의 내용물을 그대로 오븐에 굽거나,** 칠면조 속을 채우는 데 사용한다. 그대로 오븐에 굽는 경우, 뚜껑을 덮고 175℃에 약 30분간 구운 후 뚜껑을 열고 10분간 더 굽는다.

양념 육포

다크문 축제를 찾은 관광객들이 즐겨 먹는 '양념 육포'는 활기찬 축제에 어울리는 별미다. 양념 육포만 있으면, 하루 종일 지치지 않고 그 많은 놀이기구를 다 탈 수 있을 것이다. 야호, 신난다!

숙련도: 수습생
양념 재우는 시간: 12~24시간
조리 시간: 약 3시간
분량: 육포 250~300g
어울리는 음식: 치즈 플래터

로스트비프(3mm 두께로 슬라이스하기) … 450g

간장 … 3큰술

황설탕 … 3큰술

양파가루 … 1작은술

마늘가루 … 1작은술

참기름 … 1작은술

1. 밀폐용기에 모든 재료를 넣고 섞어서 밤새 또는 하루 종일 둔다. 건조 작업을 시작하기 전에 오븐의 위와 아래 칸에 각각 그릴망을 놓는다. 건조 과정에서 아래로 떨어지는 국물을 받아내기 위해 아래쪽 그릴망에는 쿠킹 포일을 깐 오븐팬을 놓는다. 고기는 과하게 묻은 양념을 살짝 털어내고 위 칸 그릴망에 그대로 놓거나 나무꼬치에 꽂아서 놓는다. 오븐을 93℃로 가열하고, 고기를 약 3시간(또는 완전히 건조될 때까지) 굽는다. 완성된 육포를 잘게 자른 후 밀폐용기에 넣어서 시원한 장소에 두면 한 달까지 보관이 가능하다.

매콤한 야채 튀김

숙련도: 대가
준비 시간: 20분
굽는 시간: 45분
분량: 약 4인분
어울리는 음식: 체더 & 맥주 딥소스(75쪽)

포테이토칩보다 훨씬 건강하고 맛도 풍부한 '매콤한 야채 튀김'은 판다렌들의 주식이다. 한입 먹을 때마다 입안에 퍼지는 매운 양념 맛에 빠져들 것이다.

파스닙* … 1개

당근 … 1개

고구마 … 중간 크기 1개

비트 … 1개

올리브오일 … 2큰술

순한 고춧가루 … ¼ 작은술

코셔소금** … ½ 작은술 + 조금(튀김에 뿌리는 용도)

1. **오븐을 150℃로 예열하고**, 오븐팬 두 개를 준비해 유산지를 깔아둔다.

2. **채소들을 얇게 썬다. 슬라이서를 이용하면 편리하다.** 슬라이스한 채소를 한데 볼에 담고, 올리브오일, 고춧가루, 소금을 넣어 버무린 다음, 비트가 다른 채소들을 빨갛게 물들일 수 있으니 따로 건져놓는다. 과하게 묻은 올리브오일이 떨어지게 채소를 잠시 들고 있다가 오븐팬에 비슷한 종류끼리 놓는다. 즉, 당근과 파스닙을 한 오븐팬에, 고구마와 비트를 한 오븐팬에 놓으면 된다. 이때 채소끼리 겹치지 않도록 주의한다.

3. **약 30분간 구운 후 구워진 상태를 확인한다.** 만졌을 때 전반적으로 바삭하게 말라있으면 완성된 것이다. 다 구워진 것만 오븐에서 꺼내고, 나머지 채소들은 상태를 확인해가면서 마저 굽는다. 전체 다 구웠으면 식혀서 소금을 살짝 뿌려서 먹는다.

요리사의 팁 : 다른 채소로 만들어도 좋다. 단, 채소마다 굽는 시간이 다르니 오븐에 구울 때 타지 않도록 계속 지켜봐야 한다.

* 맛이 당근과 비슷하나 삶거나 볶으면 더 달콤하여 '설탕당근'이라 불린다. 어렵지 않게 구할 수 있다.
** 요오드와 같은 첨가물을 넣지 않은 거친 소금이다.

속 채운 싱싱버섯

숙련도: 전문가
준비 시간: 20분
조리 시간: 약 30분
분량: 4~6인분 또는 6인분 이상
(파티용 애피타이저)
어울리는 음식: 맥주, 미지근한
야크구이 국(101쪽)

한때 고대 모구 종족이 즐겨 먹던 '속 채운 싱싱버섯'은 현재 판다렌의 대표 음식으로 자리 잡았다. 훌륭한 풍미와 식감을 모두 갖춘 부드러운 한입 크기의 싱싱버섯은 조리법이 간단하면서도 깊은 인상을 주는 애피타이저다.

양송이 … 300g
땅콩오일 또는 참기름 … 1작은술
다진 생강 … 1작은술
다진 마늘 … 1쪽분
다진 돼지고기(시즈닝하기) … 약 225g
간장 … 1큰술
습식 빵가루 … ½ 컵
강판에 간 파르메산 치즈 … ¼ 컵
참깨 … 1큰술
다진 쪽파 … 2큰술

1. 오븐을 175℃로 예열하고, 오븐팬에 오일을 살짝 바른다.

2. 양송이를 깨끗하게 씻고 기둥을 떼어낸다. 양송이 머리는 움푹 들어간 부분이 위로 향하게 오븐팬에 가지런히 놓는다. 양송이 기둥은 잘게 다진다.

3. 기름을 두른 팬을 중약불에 달군 다음, 생강과 마늘을 넣고, 옅은 갈색이 될 때까지 볶되 5분을 넘기지 않는다. 잘게 다진 양송이 기둥을 추가해 부드러워질 때까지 1~2분간 볶는다. 시즈닝한 돼지고기를 추가하고, 약 5분간 노릇하게 볶는다. 불을 끄고 기름을 따라낸 뒤, 간장을 넣고 골고루 섞는다.

4. 볶은 재료를 그릇에 옮겨 담아 한 김 식히고, 빵가루, 파르메산 치즈, 참깨, 다진 쪽파를 추가해 한데 섞는다. 오븐팬에 놓아둔 양송이 머리에 섞은 재료를 채워 넣는다. 꾹꾹 누르면서 소복하게 쌓은 다음, 오븐에 15분간 구워 한 김 식혀서 먹는다.

추적자 과자

숙련도: 수습생
준비 시간: 10분
굽는 시간: 약 20분
분량: 16~20개
어울리는 음식: 텔드랏실정통 팥죽(93쪽), 초콜릿, 크리미 치즈

맛있는 냄새가 솔솔 나는 따끈한 '추적자 과자'만 있다면, 다루기 힘든 반려동물을 찾는 데 분명 도움이 될 것이다. 하지만 원치 않는 짐승들까지 몰려들 수 있으니 조심하자!

황설탕 … ½ 컵
북지 양념(20쪽) … 1큰술
두툼한 슬라이스 베이컨 … 450g

1. **오븐을 190℃로 예열한다.** 오븐팬에 쿠킹 포일을 깔고, 그 위에 식힘망을 놓는다.

2. **중간 크기 그릇에 황설탕과 북지 양념을 넣고 섞는다.** 여기에 반으로 자른 베이컨을 넣어, 양면에 양념을 골고루 묻힌다. 과하게 묻은 양념을 털어내고, 베이컨을 한 조각씩 식힘망에 놓는다. 자리가 부족하면, 오븐팬을 한 개 더 사용하든지 두 번에 나누어서 굽는다.

3. **오븐에 약 15~20분간 익히면서 굽기 정도를 체크한다.** 베이컨을 더 바삭하게 만들고 싶다면, 더 오랫동안 구우면 된다. 베이컨이 다 구워지면, 오븐에서 꺼낸다. 키친타월로 톡톡 두드려서 남아있는 기름기를 닦아낸다. 식힘망에 두고 그대로 식히거나 깨끗한 접시에 옮겨 담는다.

야생 철쭉 떡

숙련도: 전문가
준비 시간: 10분
조리 시간: 30분
분량: 약 10개
어울리는 음식: 서서히 구운 칠면조(141쪽), 기타 가금육

칼림도어 북부 지역에서 나이트 엘프의 전통 조리법 그대로 만들어지는 '야생 철쭉 떡'은 땅에서 얻은 천연 재료의 건강한 영양분을 한가득 선사한다.

- 버터 … 1큰술
- 다진 마늘 … 1쪽분
- 리크*(반달썰기) … 작은 것 2개
- 생크림(유지방 함량 36% 이상) … ½ 컵
- 조리한 야생쌀** … 2컵
- 달걀 … 1개
- 옥수수알(생 또는 냉동) … ½ 컵
- 껍질 깐 풋콩(에다마메) … ¼ 컵
- 모차렐라 치즈 … ¼ 컵
- 소금 … 1작은술
- 후춧가루 … ½ 작은술
- 밀가루(중력분) … 1½ 컵
- 식물성 식용유(튀김용)

* 지중해 연안에서 자라는 채소로 대파보다 줄기가 굵고 통통하며, 매운맛이 덜하다. 대파로 대체해도 무방하다.

** 고대미라고도 불린다. 견과 맛이 나며 황산화 물질이 많아 최근 슈퍼 푸드로 각광받고 있다.

1. 중간 크기의 프라이팬에 버터를 넣어 중약불에 녹인다. 여기에 마늘과 리크를 넣고, 부드러워지되 갈색이 되지 않게 주의하며 약 3분간 볶는다. 생크림을 붓고, 리크가 크림을 흡수하도록 약 1분간 뒤적이며 볶는다. 불을 끄고 믹싱볼에 옮겨서 식힌다.

2. 밀가루와 식용유를 제외한 나머지 재료들도 믹싱볼에 넣고 꼼꼼하게 잘 섞는다. 밀가루를 조금씩 추가하면서 차지게 반죽한다. 이때 반죽이 너무 질지 않도록 농도를 조절한다.

3. 프라이팬 바닥이 완전히 잠길 만큼 식용유를 붓고 중약불로 달군다. 손에 식용유를 가볍게 바르고, 반죽을 10등분하여 각각 지름 13㎝, 두께 1㎝ 크기로 빚는다. 달궈진 팬에 반죽을 넣고 약 3분간 노릇하게 굽되, 중간에 한 번 뒤집어서 양면을 골고루 익힌다.

브레드

빵의 길

버터듬뿍 밀 롤빵 · 65

창조된 크루아상 · 67

옥수수 만나빵 · 69

딱딱한 크래커 · 71

가을 축제 전통 프렛첼 · 73

체더 & 맥주 딥소스 · 75

튀긴빵 · 77

벌꿀빵 · 79

칼도레이 건강잣빵 · 81

멀고어 양념빵 · 83

단팥빵 · 85

부드러운 바나나 빵 · 87

고구마 빵 · 89

버터듬뿍 밀 롤빵

숙련도: 전문가
준비 시간: 20분
숙성 시간: 20분
굽는 시간: 20분
분량: 약 20개
어울리는 음식: 짭짤한 앙트레 또는 수프

황홀한 버터 맛이 가득한 달콤하고 부드러운 롤빵을 찾는다면 멀리 갈 필요가 없다. 가볍고 폭신한 '버터듬뿍 밀 롤빵'은 어느 요리에나 잘 어울리며, 특히 수프와 찰떡궁합을 자랑한다.

- 데운 우유 … 2컵
- 설탕 … 2작은술
- 인스턴트 이스트* … 1큰술
- 녹인 가염 버터 … 4큰술+조금(빵 겉면에 칠할 용도)
- 소금 … 1작은술
- 밀가루(강력분) … 5컵

* 물에 풀어서 사용해야 하는 드라이 이스트와 달리 인스턴트 이스트는 베이킹 시 바로 사용이 가능하다.

1. 큰 그릇에 우유와 설탕을 넣고, 설탕이 완전히 녹을 때까지 휘젓는다. 여기에 이스트를 넣고 1분간 기다린다. 녹인 버터와 소금을 추가하고, 밀가루를 조금씩 넣으면서 반죽을 만든다. 밀가루를 얇게 간 판에 반죽을 놓고 몇 분간 치댄다. 반죽을 손가락으로 꾹 눌렀을 때 반죽이 부풀어 움푹 파인 곳이 다시 채워지는 정도면 된다.

2. 오븐을 200℃로 예열하고, 오븐팬(20×30㎝)에 버터를 바른다. 반죽을 둘로 나눠서 각각 10개씩 공을 빚는다. 공을 여러 차례 굴려서 부드럽고 고르게 만들어 오븐팬에 일정한 간격으로 놓은 다음, 뚜껑을 덮거나 오븐팬에 랩을 씌워 반죽이 부풀어 오르도록 20분간 그대로 둔다.

3. 반죽의 윗면이 먹음직스러운 황금빛이 될 때까지 오븐에 약 20분간 굽는다. 완성된 빵의 겉면에 버터를 발라서 먹는다.

창조된 크루아상

숙련도: 대가
준비 시간: 10분
숙성 시간: 1시간
굽는 시간: 15~20분
분량: 약 20개
어울리는 음식: 각종 잼 또는 설탕절임

켜켜이 쌓인 결이 몹시도 얇고 부드러운 버터 맛 크루아상은 입에 넣자마자 살살 녹는다. 게다가 화려한 자태마저 갖추었으니 아침 식사, 티타임, 특별한 자리 등 어디에 내놓아도 손색이 없다. 성내며 울부짖는 오크 전사조차 누그러뜨릴 수 있을 것이다. 아직 준비가 안 된 모험가들이 굶주렸을 때를 대비해 항상 여분을 창조해두도록 하자.

버터 페이스트리 도우(23쪽) … 1회분
달걀물 … 1개분

1. 버터 페이스트리 도우를 이등분한 후 각각의 덩어리를 큰 직사각형(50×25㎝)으로 밀어 편다. 직사각형의 긴 면을 따라 5등분하여 총 10개의 작은 직사각형(10×25㎝)을 만든다. 각각을 대각선으로 잘라 작은 삼각형 20개를 만든다.

2. 삼각형의 긴 면부터 시작하여 단단하게 돌돌 말아서 크루아상을 만든다. 말아 올린 끝부분이 밑으로 말려들어가게 오븐팬에 놓는다. 그런 다음 크루아상의 양끝을 구부려서 초승달 모양을 완성한다. 뚜껑을 덮고 1시간가량 따뜻한 장소에 놓아두면 반죽이 폭신하게 부풀어 오른다.

3. 크루아상 반죽 겉면에 달걀물을 바른다. 오븐에 넣고 먹음직스러운 황금빛이 될 때까지 200℃에서 약 15~20분간 굽는다.

옥수수 만나빵

숙련도: 수습생
준비 시간: 5분
굽는 시간: 25~30분
분량: 약 12개
어울리는 음식: 버터와 꿀,
용숨결 칠리(97쪽)

치즈와 버터의 풍미가 일품인 '옥수수 만나빵'은 한때 멀고어 지역의 타우렌 부족만이 먹던 주식이었다. 그러나 다양한 교역로를 거쳐 아제로스 전역에 전파된 결과 오늘날 수많은 지역에서도 이를 맛볼 수 있게 되었다. 오븐에서 막 꺼낸 따끈따끈한 만나빵을 그냥 먹거나 따뜻한 소고기 칠리소스를 곁들여 먹어보자.

- 밀가루(중력분) … 1⅓ 컵
- 옥수수가루 … 1컵
- 베이킹파우더 … 2½ 작은술
- 소금 … ½ 작은술
- 가염 버터 … ½ 컵
- 슈레드 체더 치즈 … ½ 컵
- 버터밀크 … 1컵

1. 오븐을 190℃로 예열하고, 오븐팬에 유산지를 깐다.

2. 중간 크기의 그릇에 밀가루, 옥수수가루, 베이킹파우더, 소금을 넣고 섞는다. 버터를 추가하고, 큰 덩어리가 남지 않게 손가락으로 비벼서 으깨거나, 페이스트리 블렌더로 으깨서 밀가루와 섞는다. 슈레드 체더 치즈를 추가하고, 뒤적여 골고루 섞는다. 버터밀크를 넣고, 반죽이 촉촉해질 때까지 휘젓는다.

3. 준비해둔 오븐팬에 반죽을 ¼컵씩 덜어서 놓되, 반죽이 익으면 부피가 커지므로 약 5㎝ 정도씩 간격을 떼어서 놓는다. 윗면이 황금빛으로 노릇해질 때까지 25~30분간 굽는다.

딱딱한 크래커

숙련도: 수습생
준비 시간: 10분
굽는 시간: 30분
분량: 약 4인분
어울리는 음식: 시큼한 염소 치즈 (49쪽), 잼, 후무스, 각종 딥소스

노스렌드를 모험하는 일은 상당히 많은 에너지가 요구된다. 이런 힘든 임무를 할 때 은은한 허브 맛과 바삭한 식감을 주는 '딱딱한 크래커'를 들고 다니면 도움이 될 것이다.

- 밀가루(박력분) … 1¾ 컵
- 로즈마리 다진 것 … 1큰술
- 베이킹파우더 … 1작은술
- 소금 … ¾ 작은술
- 올리브오일 … ⅓ 컵+조금(반죽 겉면에 바를 용도)
- 물 … ½ 컵
- 바다 소금 … 조금(반죽 겉면에 뿌릴 용도)

1. 오븐을 230℃로 예열하고, 평평한 오븐팬을 오븐의 중간 칸에 넣는다.

2. 중간 크기의 그릇에 밀가루, 로즈마리, 베이킹파우더, 소금을 넣고 섞는다. 여기에 올리브오일을 넣고, 물을 조금씩 추가하면서 반죽이 그릇 표면에서 잘 떨어지는 상태가 될 때까지 이긴다. 그런 다음 밀가루를 얇게 간 판에 반죽을 올려놓고 몇 분간 치댄다.

3. **반죽을 삼등분한다.** 덩어리 한 개를 유산지 위에 놓고, 지름 25cm의 납작한 원형으로 밀어 편다. 겉면에 올리브오일을 바르고, 바다 소금을 조금 뿌린다. 반죽을 유산지에 올린 채로 예열된 오븐팬에 놓는다. 반죽의 윗면이 노릇해질 때까지 8~10분간 구운 후 식힌다. 나머지 두 덩어리도 동일한 방법으로 굽는다. 완성된 크래커 3개가 모두 식으면, 알맞은 크기로 조각내서 먹는다.

가을 축제
전통 프렛첼

숙련도: 대가
준비 시간: 15분
숙성 시간: 약 1시간
굽는 시간: 약 12분
분량: 10개
어울리는 음식: 맥주, 꿀, 치즈 딥소스, 머스터드

부드러운 황금빛이 도는 프렛첼은 간식으로 먹기에 딱 좋다.
특히 가을철에 치즈와 술과 함께 먹으면 금상첨화다!

따뜻한 물 … 1½ 컵

황설탕 … 1큰술

소금 … 1작은술

인스턴트 이스트(또는 드라이 이스트) … 2작은술

녹인 버터 … ¼ 컵

밀가루(중력분) … 4컵

달걀(물 1작은술 넣고 풀기) … 1개(글레이즈용)

굵은 소금(빵 위에 흩뿌릴 용도)

베이킹소다물 재료

물 … 10 컵

베이킹소다 … ⅔ 컵

1. **큰 그릇에 물, 설탕, 소금, 이스트를 넣고 섞는다.** 몇 분간 그대로 두면 이스트가 녹으면서 부글거리기 시작한다. 그러면 녹인 버터를 넣고, 밀가루를 1컵씩 추가하면서 반죽을 이긴다. 너무 질퍽하지 않으면서 부드럽고 작업하기 좋은 상태가 될 때까지 반죽한다.

2. **밀가루를 얇게 깐 판에 반죽을 올리고 몇 분간 치댄다.** 반죽을 꾹 눌렀을 때 파인 곳이 다시 채워지는 정도가 되면, 기름을 바른 그릇에 넣고, 랩을 헐겁게 씌워 따뜻한 장소에 약 1시간 또는 반죽의 크기가 2배로 부풀 때까지 휴지시킨다.

3. **물 10컵을 끓인다.** 물이 끓으면, 베이킹소다를 넣는다. 불을 끄고 베이킹소다가 녹을 때까지 휘젓는다.

4. **숙성된 반죽을 둘로 나눈 뒤 이를 각각 5등분한다.** 반죽 한 덩어리를 약 50cm 길이로 얇고 길게 밀어 펴서 U자로 놓고, 양끝을 모아서 한 번 꼰 뒤 아래쪽에 붙여 프렛첼 모양을 만든다. 나머지 반죽들도 같은 방법으로 모양을 만든다.

5. **오븐을 200°C로 예열하고,** 오븐팬에 유산지를 깐다. 프렛첼 반죽을 모양이 망가지지 않게 주의하며 한 번에 한 개씩 따뜻한 베이킹소다물에 30초에서 1분가량 담근다. 그러면 반죽이 부풀어 오르기 시작한다. 스패튤라나 주걱 등을 이용하여 프렛첼을 건져 오븐팬에 올린다. 프렛첼 겉면에 달걀물을 바르고, 그 위에 소금을 조금 흩뿌린다. 오븐에 넣고 프렛첼이 먹음직스러운 짙은 갈색이 될 때까지 약 12분간 굽는다.

체더 & 맥주 딥소스

숙련도: 수습생
조리 시간: 15분
분량: 1회분
어울리는 음식: 가을 축제 전통 프렛첼(73쪽), 매콤한 야채 튀김(55쪽)

이 딥소스는 '가을 축제 전통 프렛첼'과 완벽한 궁합을 자랑한다. 딥소스를 먹고 나서 시원한 맥주 한 모금으로 입가심하는 것을 잊지 말자!

가염 버터 … 2큰술
밀가루 … 2큰술
담색 맥주* … 1컵
우유 … ½ 컵
머스터드 … ½ 작은술
마늘가루 … ½ 작은술
파프리카가루 … ½ 작은술
우스터소스 … 조금
샤프 체더 치즈 … 3컵분
소금, 후춧가루 … 취향에 따라 준비

* 담색 맥아를 사용하여 양조한 빛깔이 옅은 맥주로, 필젠 맥주, 영국의 에일 등이 이에 속한다.

1. **중간 크기의 프라이팬에 버터를 넣고 중불에 녹인다.**
밀가루를 추가하고, 먹음직스러운 황금빛으로 변할 때까지 1~2분간 휘젓는다. 계속 휘저으면서 맥주와 우유를 차례로 조금씩 붓는다. 혼합물이 되직해지면, 불을 끄고 향신료들, 우스터소스, 치즈를 넣고 젓는다. 치즈를 충분히 녹이고, 취향에 따라 후추와 소금을 뿌려서 간을 맞춘다.

요리사의 팁 : 조금 더 강렬한 맛의 소스를 원한다면, 페퍼잭처럼 매운맛이 가미된 치즈를 넣어보자. 혹은 부드러운 식감에 톡 쏘는 맛의 소스를 만들고 싶다면, 염소 치즈를 조금 추가한다. 이처럼 당신의 입맛에 따라 얼마든지 소스를 변형할 수 있다!

튀긴빵

숙련도: 수습생
준비 시간: 10분
조리 시간: 20분
분량: 8개
어울리는 음식: 타코 토핑, 각종 따뜻한 수프, 마늘과 파르메산 치즈, 마늘과 꿀

'튀긴빵'은 조리법이 쉬운 데다 조리 시간도 짧아 누구나 손쉽게 만들 수 있다. 일단 한번 손대기 시작하면 멈출 수 없을 만큼 매력적인 맛으로 짭짤한 토핑과 달콤한 토핑 모두에 잘 어울린다.

밀가루(중력분 또는 박력분) … 2컵

베이킹파우더 … 2작은술

소금 … 1작은술

우유(전지우유) … 약 ¾ 컵

식용유(반죽을 튀기는 용도)

1. **중간 크기의 그릇에 밀가루, 베이킹파우더, 소금을 넣고 섞는다.** 여기에 우유를 조금씩 부어서 너무 질지 않은 부드러운 반죽을 만든다. 밀가루를 얇게 깐 판에 반죽을 올리고 몇 분간 치댄다. 반죽을 눌렀을 때 파인 곳이 다시 채워지는 정도면 된다. 반죽을 8등분한 다음 각각을 약 18cm의 길이로 밀어 편다.

2. **중간 크기의 프라이팬에 높이 2.5cm 만큼 식용유를 붓고 중불로 가열한다.** 식용유가 뜨거워지면, 반죽을 한 번에 한 개씩 넣고 튀긴다. 반죽을 넣는 즉시 노릇하게 부풀어 오르므로 주의해서 지켜봐야 한다. 한쪽 면이 익으면 뒤집어서 다른 쪽 면도 노릇하게 튀긴다. 다 튀긴 빵은 키친타월을 깐 접시에 놓는다. 빵을 기대어 세워 놓으면 기름이 더 잘 빠진다. 또한 빵을 겹쳐서 놓으면 기름 때문에 빵이 눅눅해질 수 있으므로 주의한다. 완성된 빵에 좋아하는 토핑을 얹어서 먹는다.

벌꿀빵

숙련도: 대가
준비 시간: 20분
숙성 시간: 1시간+30분
굽는 시간: 약 25분
분량: 작은 2덩어리
어울리는 음식: 버터, 잼, 꿀

영원노래 숲에 서식하는 야생벌의 벌집을 닮은 블러드 엘프의 '벌꿀빵'은 누구도 실망시킨 적이 없다. 여기에 잼이나 꿀을 발라서 먹어보자. 꿀은 아무리 많이 먹어도 질리는 법이 없으니 말이다.

따뜻한 물 … ¼ 컵
압착 귀리(오트밀) … ¾ 컵
데운 우유 … ½ 컵
꿀 … ½ 컵
인스턴트 드라이 이스트 … 2작은술
소금 … 1½ 작은술
녹인 버터 … 2큰술
달걀 … 1개
밀가루(강력분) … 최대 3컵

1. **큰 그릇에 따뜻한 물을 붓고 압착 귀리를 넣어 5분간 불린다.** 여기에 우유, 꿀, 이스트, 소금, 녹인 버터 1큰술을 넣는다. 달걀을 넣고 휘저으면서 밀가루를 1컵씩 추가한다(3컵 좀 안 되게 들어갈 것이다). 너무 질퍽하지 않으면서 작업하기 좋은 상태의 반죽을 만든다. 밀가루를 얇게 깐 판에 반죽을 올리고 몇 분간 치댄다. 반죽을 찔렀을 때 파인 곳이 다시 채워지는 정도면 된다. 기름을 바른 그릇에 반죽을 넣고, 따뜻한 장소에 약 1시간 또는 반죽의 크기가 2배로 부풀 때까지 놓아둔다.

2. **오븐 사용이 가능한 작은 믹싱볼을 준비한다.** 믹싱볼의 크기는 대략 지름 20cm, 깊이 15cm면 된다. 오븐팬에 믹싱볼을 뒤집어서 놓고 믹싱볼 겉면에 버터를 바른다. 반죽을 4등분하여 각각의 덩어리를 약 90cm 길이로 길게 민다. 반죽 한 줄의 끝을 뒤집어 놓은 믹싱볼 위쪽에 고정시킨 후 빙빙 감으면서 내려온다. 첫 번째 반죽을 다 감으면, 두 번째 반죽을 이어서 계속해서 감아 내려온다. 나머지 반죽들도 이어서 감아 내려오면, 벌집 모양이 완성된다. 이때 반죽이 바닥에 닿지 않아도 상관없다. 벌집 모양의 반죽을 랩으로 가볍게 감싸서 약 30분간 숙성시킨다.

3. **오븐을 175°C로 예열한다.** 충분히 부풀어 오른 반죽을 오븐에 넣고 겉면이 살짝 노릇해질 때까지 약 20분간 굽는다. 빵이 다 구워지면, 남은 버터를 겉면에 바른다. 빵을 충분히 식힌 후에 조심스럽게 믹싱볼에서 떼어낸다.

칼도레이 건강잣빵

숙련도: 전문가
준비 시간: 10분
숙성 시간: 1시간+15분
굽는 시간: 15~20분
분량: 큰 덩어리 1개
어울리는 음식: 파스타, 얇게 저민 생마늘, 뜨끈한 삼계탕 (105쪽)

다르나서스의 나이트 엘프들은 자연을 숭배한다. 그러니 이들의 대표 양식인 건강잣빵이 칼림도어 숲에서 채취한 야생 벌꿀, 잣, 허브들로 만들어졌다는 사실이 전혀 놀랍지 않다. 게다가 건강잣빵의 형태 또한 세계수 '텔드랏실'의 잎을 형상화한 것이다. 나이트 엘프의 선조들이 전수해준 이 고대 요리는 파스타 및 스튜와도 기가 막히게 어울린다.

- 데운 우유 … 1½ 컵
- 꿀 … 1작은술
- 인스턴트 이스트 … 2작은술
- 달걀 … 1개
- 올리브오일 … 4작은술
- 파르메산 치즈 … ½ 컵
- 이탈리안 시즈닝 … 1½ 작은술
- 코셔소금 … ¾ 작은술
- 거칠게 빻은 잣 … ½ 컵
- 강력분 … 4컵
- 달걀물 … 1개분(글레이즈용)

1. **큰 믹싱볼에 우유를 붓는다.** 여기에 꿀을 넣고 저어서 녹인다. 이스트, 달걀, 올리브오일을 차례대로 추가한다. 치즈, 시즈닝, 소금, 잣을 추가하고, 마지막으로 밀가루를 1컵씩 넣으면서 반죽의 되기를 조절한다. 반죽이 유연성 있으면서 그릇 표면에서 잘 떨어지는 상태가 되면, 밀가루를 얇게 간 판에 반죽을 올리고 몇 분간 치댄다. 반죽을 눌렀을 때 파인 곳이 다시 채워지는 상태면 된다. 기름을 바른 그릇에 반죽을 넣고, 랩을 느슨하게 씌워 따뜻한 장소에 약 1시간 또는 반죽의 크기가 2배로 부풀 때까지 놓아둔다.

2. **오븐을 200℃로 예열하고,** 오븐팬에 유산지를 깐다. 반죽을 3등분한 후 오일을 바른 손으로 각 덩어리를 약 2.5cm 두께의 나뭇잎 모양으로 늘려서 오븐팬에 올린다. 날카로운 칼로 반죽 곳곳에 무늬를 새기듯 칼집을 내고, 조심스럽게 반죽을 늘려서 칼집을 낸 부분이 벌어지게 만든다. 그런 다음 반죽이 부풀어 오르게 약 15분간 휴지시킨다. 반죽 겉면에 달걀물을 바르고 오븐에 넣어 반죽이 짙은 황금빛이 될 때까지 약 15~20분간 굽는다. 빵이 다 구워지면 오븐에서 꺼낸다. 취향에 따라 파르메산 치즈와 소금을 추가로 흩뿌린다. 건강잣빵은 구운 그날 먹는 것이 가장 좋다.

멀고어 양념빵

숙련도: 전문가

준비 시간: 15분

숙성 시간: 1시간+30분

굽는 시간: 25분

분량: 1덩어리

어울리는 음식: 버터와 잼, 땅콩버터류, 볶은 보리차 (208쪽)

오븐에서 막 꺼낸 빵을 그냥 먹거나 타우렌 잼을 발라 먹어보면, 이것이 평범한 빵이 아니라 '멀고어 양념빵'이라는 것을 금세 알아챌 수 있다. 그만큼 맛이 훌륭하기 때문에 오늘날 아제로스 전역에서 소비되고 있다.

데운 우유 … 1½ 컵

황설탕 … 2큰술

인스턴트 이스트 … 2작은술

멀고어 양념(카르다몸가루, 생강가루, 계핏가루 ½작은술씩, 정향과 메이스 1꼬집씩을 혼합한 것)

소금 … 1작은술

녹인 버터 … 2큰술

밀가루(강력분) … 3컵

1. **중간 크기의 그릇에 우유, 설탕, 이스트를 넣고 섞은 후 약 5분간 둔다.** 거품이 올라오면 여기에 멀고어 양념과 소금을 넣고, 버터와 밀가루 절반을 차례로 넣는다. 나머지 밀가루 절반을 조금씩 추가하면서 반죽이 그릇 표면에서 잘 떨어지는 상태가 될 때까지 이긴다.

2. **밀가루를 얇게 깐 판에 반죽을 올리고 몇 분간 치댄다.** 반죽을 찔렀을 때 파인 곳이 채워지는 상태면 된다. 기름을 바른 그릇에 반죽을 넣고, 마른 면포를 씌워 약 1시간 또는 반죽의 크기가 2배로 부풀 때까지 놓아둔다. 부풀어 오른 반죽을 주먹으로 꾹꾹 눌러서 가스를 뺀다.

3. **오븐을 220°C로 예열한다.** 반죽의 가장자리를 조금씩 잡아당겨서 기다란 모양으로 만든다. 유산지를 깐 오븐팬에 반죽을 올리고, 부풀어 오르게 30분간 휴지시킨다. 칼로 반죽 윗면에 칼집을 몇 개 낸 후 오븐에 넣어 25분간 굽는다.

단팥빵

범상치 않은 이 자그마한 빵은 맛도 무척 훌륭하고 보기에도 근사해 테이블의 품격을 높여준다. 부드럽고 달달한 팥앙금이 가득 들어 있어서 한번 입을 대면 도저히 멈출 수가 없다. 리리 스톰스타우트가 가장 좋아하는 간식이라니 더 말해 무엇하랴!

숙련도: 대가
준비 시간: 15분
숙성 시간: 1시간+30분
굽는 시간: 18~20분
분량: 약 10개
어울리는 음식: 삼조탕(111쪽)

데운 우유 … ½ 컵
녹인 무염 버터 … 2큰술
설탕 … 2큰술
인스턴트 이스트 … 1큰술
달걀(흰자와 노른자 분리하기) … 1개
소금 … ¼ 작은술
밀가루(강력분) … 2컵
팥앙금 … 255g
참깨 또는 포피시드 … 1작은술

1. **그릇에 우유, 버터, 설탕을 넣고 섞는다.** 손으로 만졌을 때 뜨겁지 않고 따뜻할 때 이스트를 넣고, 달걀노른자와 소금을 차례로 추가한다. 밀가루를 조금씩 추가하면서 반죽이 그릇 벽면에서 잘 떨어지는 상태가 될 때까지 이긴다. 밀가루를 얇게 간 판에 반죽을 올리고 몇 분간 치댄다. 반죽을 찔렀을 때 파인 곳이 다시 채워지는 상태면 된다. 기름을 바른 그릇에 반죽을 넣고 랩을 씌워 따뜻한 장소에 약 1시간 또는 반죽이 2배로 부풀어 오를 때까지 둔다.

2. **오븐을 190℃로 예열하고**, 오븐팬에 유산지를 깐다. 부풀어 오른 반죽을 주먹으로 꾹꾹 눌러서 가스를 뺀다. 반죽을 골프공 크기로 조금씩 떼어낸 다음 굴리고 눌러서 지름 13cm의 납작한 원형을 만든다. 반죽 중앙에 팥앙금 1큰술을 넣고, 가장자리를 올려 접은 후 꾹꾹 눌러서 봉한다. 봉한 부분이 아래를 향하게 오븐팬에 놓고, 살짝 눌러서 약간 납작하게 만든다. 남은 반죽도 같은 방법으로 빚는다.

3. **반죽 중앙을 살짝 눌러서 움푹 들어가게 한 다음,** 날카로운 가위를 이용하여 가장자리에서 중앙으로 모이는 형태로 5군데에 가위집을 낸다. 겉면에 달걀흰자를 바르고, 참깨 또는 포피시드를 흩뿌린다. 이 상태로 랩을 씌워 30분간 휴지시켜서 부풀어 오르게 한다.

4. **반죽이 충분히 부풀면, 오븐에 18~20분간 굽는다.** 빵이 두툼해지고, 윗면이 짙은 황금빛으로 변하면 오븐에서 꺼내어 식혀서 먹는다.

부드러운 바나나 빵

숙련도: 전문가

준비 시간: 10분

굽는 시간: 1시간

분량: 1덩어리

어울리는 음식: 아침 식사용 요거트와 그래놀라, 애프터눈 티

스칼로맨스에서 가장 달다고 소문난 '바나나 빵'은 어떠한 시련도 이겨낼 수 있게 해준다. 하지만 과식하지 않도록 조절해야 한다. 바나나 빵을 너무 많이 먹으면 강령술사조차 몸매가 변한다고 하니 말이다.

빵 재료

녹인 무염 버터 … ¼ 컵

설탕(그래뉴당) … ⅓ 컵

잘 익은 바나나(으깨기) … 2개

달걀 … 2개

버터밀크 … ½ 컵

밀가루(중력분) … 2컵

베이킹파우더 … 2작은술

베이킹소다 … ½ 작은술

소금 … 1꼬집

생강 편강(작게 깍둑썰기) … 2작은술

프로스팅 재료

크림치즈(무른 상태) … 100g

무염 버터(무른 상태) … ¼ 컵

슈거파우더 … ½ 컵

우유 … 1큰술

으깬 호두(선택 사항, 장식용)

1. **오븐을 160℃로 예열한다.** 빵틀(23×13㎝)에 버터를 바르고 밀가루를 뿌려서 옆에 놓아둔다.

2. **중간 크기의 그릇에 버터와 설탕을 넣고 섞어서 크림을 만든다.** 여기에 으깬 바나나, 달걀, 버터밀크를 넣고 힘차게 젓는다. 남은 재료들을 마저 넣고 섞어서 부드러운 반죽을 만든다. 준비해둔 빵틀에 반죽을 붓고, 윗면이 짙은 황금빛이 될 때까지 50~60분간 굽는다. 오븐에서 꺼내어 10분간 식힌다. 빵틀을 뒤집어서 빵을 꺼낸 후 식힘망에 올려서 마저 식힌다.

3. **빵이 구워지는 동안 프로스팅을 준비한다.** 핸드믹서를 약하게 회전시켜서 크림치즈와 버터를 섞어 가볍고 부드러운 거품으로 만든 다음 슈거파우더와 우유를 추가한다. 바나나 빵이 완전히 식으면, 윗면에 프로스팅을 펴 바르고 호두를 뿌린다.

고구마 빵

숙련도: 전문가
준비 시간: 15분
굽는 시간: 1시간+1시간
분량: 1덩어리
어울리는 음식: 마살라 차이, 사과잼

각종 향신료의 풍미로 가득한 촉촉하고 진한 노스렌드의 명불허전 '고구마 빵'은 그냥 먹어도 충분히 맛있지만, 캐러멜소스와 바삭한 견과류를 더하면 치명적인 맛을 자아낸다.

빵 재료

고구마 … 450g(중간 크기 2개)
우유(전지우유) … ¼ 컵
흑설탕 … 1컵
달걀 … 2개
카놀라오일 … ½ 컵
바닐라 농축액 … 1작은술
축제일 향료(19쪽) … 1작은술
소금 … ½ 작은술
베이킹파우더 … 1작은술
베이킹소다 … ½ 작은술
밀가루(중력분) … 1½ 컵
버터(팬에 바를 용도)

토핑 재료

가염 버터 … 2큰술
황설탕 … 꽉 눌러 담은 ½ 컵
데운 생크림(유지방 함량 36% 이상) … ¼ 컵
코셔소금 … ¼ 작은술
바닐라 농축액 … 조금
버번(선택 사항) … 조금
대충 으깬 호두 또는 피칸 … ¼ 컵

1. **오븐을 200℃로 예열한다.** 고구마를 칼로 찔러서 여러 군데 구멍을 낸 후 오븐 속 그릴망에 올려 속까지 완전히 익도록 약 1시간 동안 굽는다. 오븐에서 꺼내어 손으로 만져도 괜찮을 만큼 충분히 식힌다.

2. **오븐의 온도를 160℃로 낮추고,** 빵틀(23×13cm)에 버터를 바른다. 고구마 껍질을 벗겨 그릇에 담고, 우유를 추가해 고구마를 대충 으깨며 섞는다. 설탕, 달걀, 오일, 바닐라 농축액, 축제일 향료를 넣고 휘젓는다. 나머지 재료들을 추가하고, 가루가 남지 않게 모든 재료를 꼼꼼히 섞는다.

3. **반죽을 빵틀에 붓고,** 약 1시간 동안 오븐에 굽는다. 이쑤시개로 찔렀을 때 아무것도 묻어나오지 않아야 한다. 최소 1시간 이상 빵을 식힌 후, 빵틀을 뒤집어서 빵을 꺼낸다. 이때 빵틀을 따라 칼집을 낸 다음 뒤집으면 편하다. 그런 다음 빵을 식힘망에 올려 만져도 더 이상 따뜻하지 않을 때까지 식힌다. 취향에 따라 아래를 참조하여 캐러멜소스와 견과류를 얹는다.

토핑 만들기 : 중강불에 작은 냄비를 올리고, 버터, 황설탕, 생크림, 소금을 넣어 휘젓는다. 1분가량 지나서 내용물이 끓기 시작하면 불을 줄이고, 중간중간 저어주면서 5분간 자글자글 끓인다. 여기에 바닐라 농축액과 버번(선택 사항)을 넣고 저은 다음, 그대로 몇 분간 식힌다(빵 위에 소스를 바로 부으면 흘러내릴 수 있다). 완전히 식힌 빵 위에 캐러멜소스를 펴 바르고, 으깬 견과류를 뿌린다.

수프와 스튜
국물 요리의 길

텔드랏실정통 팥죽 · 93

조개 수프 · 95

용숨결 칠리 · 97

황금 잉어탕 · 99

미지근한 야크구이 국 · 101

양념 꽃 수프 · 103

뜨끈한 삼계탕 · 105

김 나는 염소 국수 · 107

서부정통 스튜 · 109

삼조탕 · 111

위핑 수프 · 113

텔드랏실 정통 팥죽

칼림도어의 나이트 엘프들이 좋아하는 푸짐하고 진한 정통 팥죽은 모험가나 여관 주인 할 것 없이 모두에게 영양분을 제공한다.

숙련도: 수습생
준비 시간: 15분
콩 불리는 시간: 약 12시간
조리 시간: 2~3시간
분량: 8인분
어울리는 음식: 맥주로 양념한 멧돼지 갈비(117쪽)

여러 종류의 말린 콩 … 2컵(약 450g)
닭 육수 … 8컵
훈제족발(정강이 부위) … 2개
말린 마저럼 … 1작은술
커민 … 2큰술
올리브오일 … 1큰술
리크(다지기) … 1개분
다진 마늘 … 2쪽분
당근(깍둑썰기) … 2개
셀러리(송송 썰기) … 1줄기
소금, 후춧가루 … 취향대로 준비

1. 콩을 8~12시간 불린 후 물을 따라낸다.

2. 큰 냄비를 중불에 올리고, 불린 콩, 닭 육수, 훈제족발, 마저럼, 커민을 넣는다. 뚜껑을 열고 약 2시간 끓인다. 콩이 부드러워지면 다음 단계로 넘어가고, 아니면 1시간가량 더 끓인다.

3. 중간 크기의 프라이팬에 올리브오일을 두르고 중불에 달군다. 여기에 리크와 마늘을 넣고 향이 올라오면서 부드러워질 때까지 약 5분간 볶는다. 당근, 셀러리, 물(또는 닭 육수)을 추가한다. 이때 기름이 튈 수 있으므로 주의한다. 프라이팬 뚜껑을 덮고 채소들이 부드러워질 때까지 10분간 졸인다. 여기에 2의 콩을 넣고 저은 후 취향에 따라 소금이나 후춧가루를 뿌려 뜨거울 때 먹는다.

조개 수프

숙련도: 수습생

준비 시간: 5분

조리 시간: 1시간

분량: 4인분

어울리는 음식: 시골빵, 매운 양념 소시지, 아롱다롱 경단 (191쪽)

군침 도는 '조개 수프'로 말할 것 같으면, 서부 몰락지대의 낚시꾼들의 원조 조리법이 명실상부 최고다. 소금에 절인 돼지고기의 풍부한 식감과 전형적인 해산물의 풍미가 서로의 맛을 보완해 완벽한 균형을 이룬다.

소금에 절인 돼지고기(작게 네모썰기) … 100g

감자(껍질 벗겨서 한입 크기로 자르기) … 중간 크기 2개

샬롯(다지기) … 큰 것 1개(또는 양파 ⅛ 개)

신선한 허브 또는 말린 허브(타임, 마저럼 등) … 1작은술

후춧가루 … 1꼬집

바지락살 … 280g

생선 육수* … 2컵

물 … 2~4컵

우유 … 1컵

으깬 워터크래커 또는 빵가루 … 1줌

버터 … 2큰술

밀가루 … 2큰술

---

1. 큰 냄비의 바닥에 네모나게 자른 돼지고기를 깐다. 그 위에 감자를 깔고, 샬롯, 허브, 후추를 뿌린다. 그 위에 바지락살을 깔고, 생선 육수를 붓는다. 그런 다음 물을 부어 재료들이 1cm 정도 잠기게 한다.

2. 냄비 뚜껑을 덮고 30분간 자글자글 끓인 다음, 우유와 워터크래커를 추가하고 10분간 더 끓인다.

3. 별도의 팬에 버터를 녹인다. 여기에 밀가루를 넣고 섞어서 루를 만든다. 몇 분간 볶다가 2의 조개 수프 국물을 1~2국자 넣고, 재빠르게 휘저어서 걸쭉한 페이스트를 만든다. 이를 조개 수프가 담긴 냄비에 붓고, 최소 5분 이상 졸여서 걸쭉하게 만든다. 뜨겁게 해서 크래커를 곁들여 먹는다.

* 생선뼈나 조개류로 육수를 낸다. 멸치, 디포리 등을 사용해도 된다.

용숨결 칠리

숙련도: 대가
준비 시간: 15분
조리 시간: 2시간
분량: 8인분
어울리는 음식: 옥수수 만나빵 (69쪽)

'용숨결 칠리'를 먹는다고 실제로 입에서 화염을 뿜는 것은 아니지만, 진하고 풍미 있는 이 요리는 여러모로 그 이름에 걸맞다. 한입만 먹어도 만족감이 느껴지며, 특히 중요한 전투를 앞두고 이를 먹으면 전투력이 상승한다는 믿음 때문에 근접 공격수에게 인기가 많다. 한편 이 조리법은 칼림도어의 먼지진흙 습지대에서 비롯된 원조 조리법과는 다르게 용을 해칠 필요가 전혀 없다.

- 식물성 식용유 … 2큰술
- 다진 고추(할라페뇨 또는 원하는 종류) … 1개분
- 다진 태국고추 … 2개분
- 치폴레 고추*(송송 썰기) … 1개
- 양파(깍둑썰기) … ½ 개
- 다진 소고기 … 450g
- 이탈리안 소시지 … 450g
- 소고기 목심 … 450g
- 커민가루 … 2작은술
- 계핏가루, 카카오가루 … 1작은술씩
- 토마토 페이스트 통조림(170g) … 1개
- 맥주 … 350㎖
- 소고기 육수 … 2컵
- 칠리 콩 통조림(425g) … 2개
- 다이스 로스티드 토마토 통조림(800g) … 2개
- 강판에 간 체더 치즈(토핑용)

1. 큰 냄비나 육수통에 식용유를 두르고 중불로 가열한다. 고추들과 양파를 넣고 부드러워질 때까지 5분간 노릇하게 볶는다. 다진 소고기, 이탈리안 소시지, 소고기 목심을 추가하고 5분가량 노릇하게 볶는다.

2. 모든 향신료와 토마토 페이스트를 차례로 넣고, 휘저어서 골고루 섞는다. 여기에 맥주와 소고기 육수를 붓고, 칠리 콩과 다이스 로스티드 토마토도 넣는다. 불 세기를 줄이고 뚜껑을 연 채 2시간가량 자글자글 끓여서 적당히 걸쭉하게 만든다. 국자로 떠서 그릇에 옮겨 담고, 치즈를 뿌린다.

요리사의 팁: 이 조리법은 '용숨결'치고 맛이 순한 편이니 각자의 입맛에 맞게 매운 강도를 높여보길 권한다. 맥주는 각자 선호하는 것을 사용하되 홉이 너무 많이 들어간 제품은 피하도록 하자.

* 말린 할라페뇨를 훈제한 것이다.

황금 잉어탕

숙련도: 전문가
준비 시간: 30분
조리 시간: 20분
분량: 4인분
어울리는 음식: 화이트 와인, 채소 & 과일 샐러드

그렇지 않아도 잡기 힘든 황금 잉어를 낚지 못했다고 걱정할 필요가 전혀 없다. 어떤 생선 육수를 써도 괜찮으니 말이다. 맛있고 포만감까지 주는 이 요리는 누구나 쉽고 간단하게 만들 수 있다.

- 맛초* 볼 믹스(Matzo Ball Mix) … 110g
- 생선 육수 … 950㎖
- 샬롯 … 2개
- 다진 당근 … ½ 컵
- 다진 마늘 … 1~2쪽분
- 생강 슬라이스 … 적당량
- 달걀 … 1개
- 샤프란 … 적당량
- 스캘리언**(고명) … 적당량

1. 맛초 볼 믹스의 포장지에 적힌 대로 맛초 볼을 만든다.

2. 중간 크기의 냄비에 스캘리언을 제외한 나머지 재료를 모두 넣고 섞는다. 1분가량 휘저으며 달걀을 충분히 풀고, 약 20분간 약한 불에 자글자글 끓인다. 불을 끈 다음, 깨끗한 그릇 위에 면포를 깐 체를 올리고 내용물을 부어 육수를 걸러낸다. 육수에 맛초 볼을 넣고 스캘리언을 얹은 다음 따뜻할 때 먹는다.

* 이스트를 넣지 않은, 발효 과정 없이 물과 밀가루만으로 만든 유대인 전통 플랫 빵. 맛초 볼 믹스는 해외 직구로 구입 가능하다.

** 어린 리크나 샬롯의 끝부분 등을 이른다. 쪽파로 대체해도 무방하다.

미지근한 야크구이 국

숙련도: 전문가
준비 시간: 5분
조리 시간: 2~3시간
분량: 4인분
어울리는 음식: 블러디 메리 (칵테일), 매운 양념 소시지

이 요리는 이름과는 달리 뜨겁게 해서 먹을 때가 가장 맛있다. 과거에는 쿠나이 봉우리에 오른 자들만 먹을 수 있었지만, 현재는 보양식 재료들을 혼합하는 기술만 있으면 누구든 영양만점 야크구이 국을 맛볼 수 있다.

다진 마늘 … 2쪽분
리크(잘게 다지기) … 1개
구운 소고기 목심 … 450g
물 … 12컵
간장 … ½ 컵
버섯 … ½ 컵
페투치니 파스타면(절반으로 자르기) … 1줌
소금, 후춧가루 … 취향대로 준비
스리라차 소스 … 조금
완숙 삶은 달걀(선택 사항)

1. 큰 냄비를 불에 올리고, 마늘, 리크, 소고기, 물, 간장, 스리라차 소스를 넣어 섞는다. 내용물이 끓기 시작하면, 불을 줄이고 뭉근하게 끓인다.

2. 고기가 물러서 퍼질 때까지 약 2~3시간 동안 끓인 다음, 불을 끄고 포크를 이용해서 고기를 한입 크기로 찢는다.

3. 불을 다시 켜고, 버섯을 추가한다. 그런 다음 불 세기를 약불로 줄인다.

4. 별도의 냄비에 물을 끓여 적당량의 소금을 넣고, 페투치니를 5~10분간 삶는다. 페투치니를 3의 냄비에 바로 넣지 않는 이유는 면이 육수를 너무 많이 흡수할 우려가 있기 때문이다.

5. 페투치니를 건져내어 3의 냄비에 넣어 섞은 후, 그릇에 옮겨 담는다. 취향에 따라 소금과 후추를 뿌리고, 완숙으로 삶은 달걀을 반으로 잘라 얹어서 먹는다.

양념 꽃 수프

숙련도: 수습생
준비 시간: 5분
조리 시간: 20분
분량: 4인분
어울리는 음식: 블루치즈, 멀고어 양념빵(83쪽)

이 향긋한 보양식 수프에는 꽃향기와 각종 향신료가 듬뿍 담겨 있다. 영원꽃 골짜기의 고대 보관함에서만 발견되는 이 수프만 있으면, 아무리 지친 전사라도 몸과 마음의 원기를 되찾을 수 있다.

- 닭 육수 … 8컵
- 카모마일 티백 … 12개
- 월계수 잎 … 1장
- 고대 판다렌 향료(17쪽) … 1작은술
- 참기름 … 2큰술
- 다진 마늘 … 1~2쪽분
- 샬롯(채썰기) … 1~2개
- 다진 생강 … 1큰술
- 브로콜리 꽃 부분 … 1컵분
- 자색 양배추 … 작은 것 ½ 개
- 카모마일 꽃(장식용)

1. **중간 크기의 냄비에 닭 육수를 넣고 자글자글 끓인다.** 여기에 카모마일 티백과 월계수 잎을 넣고 5~10분간 더 끓이다가 티백은 최대한 물기를 짜낸 후 버린다. 고대 판다렌 향료를 추가하고, 불 세기를 줄인다.

2. **프라이팬에 참기름을 두르고 중약불로 달군다.** 여기에 마늘, 샬롯, 생강을 넣은 뒤 향이 올라오고 부드러워질 때까지 약 5분간 볶는다. 브로콜리와 양배추를 넣고 골고루 섞다가 1의 육수 1국자를 붓는다. 뚜껑을 덮고 5분가량 끓여서 채소를 완전히 익힌다. 불을 끄고, 국물과 건더기를 모두 그릇에 담아서 바로 먹는다.

뜨끈한 삼계탕

숙련도: 대가
준비 시간: 15분
조리 시간: 약 2시간
분량: 4인분
어울리는 음식: 창조된 마나 찐빵 (157쪽), 뜨거운 허브티

바깥세상에 눈이 수북이 쌓인 날, 김이 모락모락 나는 '뜨끈한 삼계탕'이 성전사의 차가워진 몸을 덥혀준다. 리치 왕에 대항하는 은빛십자군이 얼음왕관 성채에 공수해온 귀한 보양식이 온갖 종류의 악마들을 물리쳐줄 것이다.

삼계탕 재료

가염 버터 … 2큰술
셀러리(대충 썰기) … 2줄기
당근(껍질 벗겨서 대충 썰기) … 큰 것 1개
다진 마늘 … 2쪽분
밀가루 … 1큰술(농도 조절용)
맥주 … ½컵
닭 육수 … 8컵
북지 양념(20쪽) … 1작은술
조리하지 않은 닭다리 … 4개
완두콩 … 1컵
신선한 딜(줄기를 제거하고 잘게 썰기) … 2큰술

덤플링 재료

밀가루(중력분) … 2컵
베이킹파우더 … 2작은술
소금 … ¾ 작은술
버터(녹여서 살짝 식히기) … 2큰술
우유 … ¾ 컵

1. **큰 냄비에 버터를 넣어 중불에 녹인다.** 여기에 셀러리, 당근, 마늘을 넣고 부드러워질 때까지 5~10분간 볶는다. 채소들 위로 밀가루를 뿌리고, 잘 섞이도록 몇 분간 뒤적인다. 냄비 바닥에서 밀가루가 갈색으로 변하면, 맥주를 붓는다. 버터 조각들을 싹싹 긁어서 잘 섞어주고, 5분간 자글자글 끓인다. 불 세기를 중강불로 높인 뒤 닭 육수, 북지 양념, 닭다리, 완두콩을 넣는다. 뚜껑을 덮고, 고기가 뼈에서 떨어지기 시작할 때까지 약 1시간 반 동안 끓인다.

2. **삼계탕을 끓이는 동안 덤플링 반죽을 준비한다.** 중간 크기의 그릇에 밀가루, 베이킹파우더, 소금을 넣고 섞는다. 버터를 넣고 손가락으로 비벼서 으깨거나 페이스트리 블렌더로 으깨서 밀가루와 골고루 섞는다. 우유를 조금씩 추가하면서 촉촉한 반죽 덩어리를 만든다. 사용하기 전까지 랩을 씌워둔다.

3. **삼계탕이 완성되면, 닭다리를 건져내어 접시에 담아 따뜻하게 보관한다.** 덤플링 반죽을 대략 골프공 크기로 둥글게 빚어 끓고 있는 삼계탕 국물에 넣고 뚜껑을 덮는다. 대략 10분이 지나면 덤플링 하나를 꺼내서 익었는지 확인한다. 아직 익지 않았다면, 덤플링들을 모두 한 번씩 뒤집어주고, 5분간 더 끓인다.

4. **닭다리가 담긴 접시에 덤플링을 담고, 그 위에 국물을 붓는다.** 딜을 곁들여 먹는다.

요리사의 팁 : 딜 대신 타임이나 로즈마리 등 다른 허브를 넣어도 된다.

김 나는 염소 국수

숙련도: 전문가

준비 시간: 약 30분

조리 시간: 15분

분량: 4인분

어울리는 음식: 신선한 풋콩 (에다마메), 스파클링 화이트 와인

풍미가 일품인 쿠라이식 국수에는 양고기와 산양유가 들어간다. 형제 국수면발의 말처럼, "김 나는 염소 국수, 정말 최고예요! 국수로 배를 채우러 오세요! 아주 맛있어요!"

- 메밀 소바면 … 170~200g
- 땅콩오일 … 2큰술
- 다진 마늘 … 2~3쪽분
- 양고기(한입 크기로 자르기) … 450g
- 레드커리 페이스트 … 1큰술
- 강황가루 … ½ 작은술
- 산양유 … 1컵
- 땅콩버터 … ⅓ 컵
- 소고기(또는 닭) 육수 … 2½ 컵
- 황설탕 … 1작은술
- 죽순 슬라이스 통조림 … 1컵
- 라임즙 … ½ 개분
- 레드페퍼 플레이크 … 취향대로 준비
- 다진 파슬리 잎 … 1~2큰술
- 다진 쪽파(고명) … 3~4 개분

1. **먼저 메밀 소바면을 포장지에 적힌 대로 삶는다.** 면이 살짝 덜 익은 상태에서 건져낸다. 찬물에 헹군 후 옆에 놓아둔다.

2. **속이 깊은 큰 프라이팬에 땅콩오일을 두르고 중불에 달군다.** 마늘을 넣고 향이 올라오면서 부드러워지되 갈색이 되기 전까지 볶는다. 양고기를 넣고 3~4분간 각 면을 골고루 익힌다. 레드커리 페이스트와 강황가루를 넣고 휘젓는다. 그런 다음 산양유와 땅콩버터를 넣고, 덩어리진 부분이 없게 잘 섞는다. 육수를 천천히 붓고, 황설탕과 죽순을 넣고 5~10분간 익힌다. 라임즙, 레드페퍼 플레이크, 파슬리를 넣고 휘저은 다음 불을 끈다.

3. **메밀 소바면을 그릇에 나누어 담고, 양고기와 소스를 얹는다.** 고명으로 다진 쪽파와 레드페퍼 플레이크를 올려서 바로 먹는다.

서부정통 스튜

숙련도: 전문가
준비 시간: 30분
조리 시간: 약 3시간 반
분량: 약 4인분
어울리는 음식: 푸짐한 빵 한 덩어리, 레드 와인, 샤프 치즈

영양이 가득한 '서부정통 스튜'는 오랜 세월 동안 다양한 방식으로 만들어져 왔다. 서부 몰락지대 주민들이 산적과 놀의 침략으로 힘든 시기를 보낼 당시, 주재료는 멀록 눈알과 대머리수리 고기였지만, 사실 그다지 권하고 싶은 재료는 아니다.

양질의 스튜용 소고기(한입 크기로 자르기) … 900g

소금, 후춧가루 … 적당량

베이컨 조각 … ½ 컵

버터 … 2큰술(둘로 나눠놓기)

양송이(슬라이스하기) … 450g

미니 양파* … 1½ 컵

황설탕 … 1큰술

밀가루 … ¼ 컵

소고기 육수 … 4컵

레드 와인 … 2컵

북지 양념(20쪽) … 1작은술

당근(껍질 벗겨서 한입 크기로 썰기) … 6개

마늘(껍질 벗겨서 1쪽씩 분리) … 1통

보리쌀 … 1컵

월계수 잎 … 2장

신선한 파슬리 다진 것 … 1큰술

* 진주 양파(pearl onion)라고도 한다. 샬롯과 크기가 같으나 흰색이다. 일반 양파 ½개로 대체해도 무방하다.

---

1. **오븐을 250℃로 예열한다.** 소고기에 소금을 뿌려 실온에 30분간 놓아둔다.

2. **속이 깊은 오븐팬(22×30cm)에 버터 1큰술을 넣고,** 베이컨을 넓게 펼쳐 넣어 베이컨의 기름이 녹아 나올 때까지 15분간 굽는다. 베이컨을 굽는 동안, 양송이, 미니 양파, 남은 버터 1큰술, 황설탕을 섞은 후 별도의 오븐팬에 넣어 버섯에서 우러나온 물이 거의 증발하고, 양파가 살짝 글레이즈될 때까지 약 15분간 굽는다. 그릇에 옮겨 담고, 스튜가 거의 완성될 때까지 잠시 옆에 놓아둔다.

3. **오븐의 온도를 160℃로 줄인다.** 베이컨이 들어있는 오븐팬에 밀가루를 조금씩 추가하고, 밀가루가 보이지 않을 때까지 휘젓는다. 여기에 육수, 레드 와인 1컵, 북지 양념을 조금씩 추가하면서 휘젓는다. 그런 다음 당근, 마늘, 보리쌀, 월계수 잎을 넣어 편편하게 만들고, 그 위에 1의 소고기를 깐다. 고기가 자작하게 잠길 만큼 물을 붓는다(고기가 완전히 잠기면 안 된다). 1시간 반에서 2시간가량 오븐에 넣어 익힌 후 꺼내어 저어준다. 다시 오븐에 넣어 1시간 더 익히고, 꺼내어 저은 다음, 남은 와인 1컵과 별도의 오븐팬에 구워둔 2의 양파, 버섯을 넣는다. 마지막으로 30분간 더 익힌 후 오븐에서 꺼낸다. 월계수 잎은 버리고 그릇에 옮겨 담아 파슬리를 뿌린다.

삼조탕

숙련도: 대가
준비 시간: 15분
조리 시간: 30분
분량: 4인분
어울리는 음식: 단팥빵(85쪽)

복합적인 맛을 자랑하는 '네 바람의 계곡'의 특별식이다. 푸짐한 국수와 육즙 가득한 오리고기, 생강과 고추의 알싸하고 매운맛 그리고 팔각의 향이 어우러져 특별한 맛을 선사한다. 투박함으로부터 해탈한 조리법으로, 언제든 따뜻하고 만족스러운 한 끼 식사가 되어줄 것이다.

닭 육수 … 8컵

길이 2.5cm의 생강(잘게 다지기) … 1개

팔각 … 2~3개

간장 … 2큰술

소금 … 1작은술

레드페퍼 플레이크(또는 잘게 썬 태국고추) … 1작은술

식물성 식용유 … 3큰술

오리 가슴살 … 2덩어리

다진 마늘 … 2쪽분

시금치 또는 청경채(길게 썰기) … 몇 줌

건조 달걀면(에그누들) … 280g

---

1. 큰 편수냄비에 닭 육수, 생강, 팔각, 간장, 소금, 레드페퍼 플레이크를 넣고 섞는다. 불에 올려 약 15분간 끓인 후 팔각을 건져내고 불 세기를 줄인다.

2. 오븐을 190℃로 예열한다. 오븐용 냄비에 식물성 식용유를 넣고 중불에 달군다. 식용유가 끓기 시작하면, 오리 가슴살을 껍질이 아래로 향하게 놓는다(이때 기름이 튈 수 있으니 주의하자). 약 5분간 구운 다음 뒤집어서 냄비째 오븐에 넣는다. 8~10분간 굽고 오븐에서 꺼낸다. 오리 가슴살을 도마 위에 올려놓고, 식사 준비가 끝날 때까지 그대로 둔다.

3. 오리 가슴살을 건져낸 냄비를 그대로 다시 불에 올리고 중약불로 가열한다. 마늘을 넣고, 향이 올라올 때까지 볶는다. 마늘이 갈색이 되기 전에 불을 끄고, 시금치를 넣어 뜨거운 기름에 시금치가 숨이 죽을 때까지 휘저은 다음, 잠시 그대로 둔다.

4. 큰 양수냄비에 물을 끓여 달걀면을 포장지에 적힌 대로 삶는다. 면을 건져 그릇에 담고 면이 서로 들러붙지 않게 주의하며 3의 마늘기름과 시금치를 넣어 섞는다. 그런 다음 육수가 담긴 1의 편수냄비에 넣는다.

5. 오리 가슴살을 한입 크기로 썬다. 달걀면과 육수를 4개의 그릇에 나눠 담고, 그 위에 오리 가슴살을 올린다.

위핑 수프

숙련도: 수습생
준비 시간: 10분
조리 시간: 30분
분량: 넉넉한 4인분
어울리는 음식: 따뜻한 사케

생선과 사과의 조합이라니 이상하게 들리겠지만, 정말 맛있을 뿐만 아니라 초목이 무성한 판다리아 산을 등반한 당신의 든든한 식사가 되어 줄 것이다. 단, 한 가지 주의 사항이 있다. 호젠의 위핑 수프만은 절대 건드리지 말 것!

닭 육수 … 8컵

사과주스 … 1컵

애플사이다 식초 … 1~2큰술

다진 생강 … 1큰술

보리쌀 … ½ 컵

당근(껍질 벗겨서 썰기) … 2개

파스닙(껍질 벗겨서 썰기) … 1개

익힌 닭고기(선택 사항) … 약 ½ 컵

말린 대추(반으로 자르기) … 6개

말린 무화과(반으로 자르기) … 6개

사과(껍질 벗겨서 심을 제거하고 8등분하기) … 2개

구기자 … 2큰술

흰살 생선(작게 자르기) … 225g

고대 판다렌 향료(17쪽) … 1큰술

1. 중간 크기의 냄비에 닭 육수, 사과주스, 애플사이다 식초, 생강, 보리쌀, 채소들을 넣고 섞은 다음, 불에 올려 채소들이 부드러워질 때까지 약 20분간 자글자글 끓인다. 남은 재료를 마저 추가하고, 생선이 완전히 익을 때까지 10분간 더 끓인 후에 불을 끈다. 뜨거울 때 바로 먹는다.

요리사의 팁 : 위핑 수프는 하루가 지나도 풍미가 여전하지만, 재료들이 물러질 수 있으므로 만든 날 소진하는 것이 좋다.

메인 요리

본식의 길

맥주로 양념한 멧돼지 갈비 · 117

바삭바삭한 거미 튀김 · 119

더지의 기똥찬 키메로크 찹스테이크 · 121

연어 숯불구이 · 123

숲타조 다리 · 125

그라추의 엄마손 고기 파이 · 127

아이언포지 휴대 식량 · 131

오그릴라 닭발 튀김 · 133

메추라기 구이 · 135

돌연변이 물고기 별미 · 137

땅콩 닭꼬치 · 139

서서히 구운 칠면조 · 141

부드러운 뾰족엄니 스테이크 · 143

겨울맞이 숯불구이 · 145

맥주로 양념한 멧돼지 갈비

숙련도: 수습생
준비 시간: 30분
조리 시간: 3시간
분량: 4인분(1인당 갈비 개수에 따라 달라짐)
어울리는 음식: 텔드랏실정통 팥죽(93쪽), 맥주

이 요리의 비결은 바로 몰트(맥아)에 있다! 라그나로스 썬더브루의 소문난 갈비 요리는 맛있는 냄새로 수십 년째 그의 선술집에 손님을 끌어들이고 있다. 동부 왕국 최고의 갈비 요리를 만들어온 썬더브루 가문의 비법을 모두에게 공개한다.

- 돼지갈비(가능하면 멧돼지갈비) … 1350g
- 소금, 후춧가루 … 취향대로 준비
- 올리브오일 … 1큰술
- 샬롯(깍둑썰기) … 2개
- 다진 마늘 … 1쪽분
- 레드커리 페이스트 … 2작은술
- 케첩 … 1컵
- 맥주 … 1병('랩소디 몰트'가 가장 좋지만, 다른 것으로 대체해도 된다. 홉이 적을수록 좋다.)
- 우스터소스 … 2큰술
- 당밀 … 2큰술
- 애플사이다 식초 … 1큰술

1. **오븐을 135℃로 예열한다.** 오븐팬에 쿠킹 포일을 깔고, 그 위에 식힘망을 놓는다. 식힘망에 돼지갈비를 살점 부위가 밑으로 향하게 놓고, 취향에 따라 소금, 후추를 뿌린다. 오븐에 넣고 서서히 굽는다.

2. **냄비를 중불에 올리고 올리브오일, 샬롯, 마늘을 넣는다.** 샬롯이 부드러워지고 마늘 향이 올라올 때까지 3~5분간 볶는다. 레드커리 페이스트를 넣고 샬롯과 마늘에 골고루 묻힌 다음 나머지 재료들도 추가한다. 중간 중간 저어주면서 농도가 살짝 되직해질 때까지 20~30분간 졸인다. 매끈한 소스를 원한다면, 샬롯이나 마늘 덩어리가 남지 않도록 핸드블렌더로 갈아준다.

3. **돼지갈비를 3시간가량 서서히 굽되,** 20~30분마다 한 번씩 2의 소스를 발라준다(돼지갈비 아래쪽에도 소스를 묻혀준다). 그러면 매콤하고 진한 소스로 뒤덮인 돼지갈비가 완성된다. 돼지갈비가 다 구워지면, 한 김 식혀서 먹는다.

바삭바삭한 거미 튀김

숙련도: 대가
준비 시간: 5분
조리 시간: 30분
분량: 튀김 약 12개
어울리는 음식: 해선장 소스, 삼조탕(111쪽)

요리를 먹고 기분이 좋아진 손님이 만족스러운 표정으로 이것이 무슨 음식이냐고 묻는다. 그러나 진실을 알게 되면 경악을 금치 못할 것이다. 그러니 제발 거미고기는 대안이 전혀 없을 때만 사용하자. 여기서는 거미 대신 게살을 사용하여 비슷한 식감을 살리되 '우웩' 하는 반응이 나올 만한 요소는 배제했다. 한정된 예산으로 블러드 엘프 귀족에게 음식을 바쳐야 했던 요리의 대가가 창안한 조리법인 만큼 아무리 미각이 예민한 사람도 놀라움과 기쁨을 감추지 못할 것이다.

- 달걀(흰자와 노른자 분리하기) … 1개
- 만두피 … 225g
- 게살(또는 게맛살) … 450g
- 소금 … 1작은술
- 설탕 … 1작은술
- 옥수수전분 … 1큰술
- 흑후추, 적후추 … 1꼬집씩
- 식용유(튀김용)

1. **작은 그릇에 달걀흰자와 물을 조금 넣고 몇 초간 휘저은 후 옆에 놓아둔다.** 만두피를 얇고 길게 썰어서 옆에 놓아둔다.

2. **게살, 소금, 설탕, 옥수수전분, 달걀노른자, 흑후추, 적후추를 푸드 프로세서에 넣고 완전히 혼합될 때까지 간다.** 작은 냄비에 식용유를 높이 5cm만큼 붓고 중불에 가열한다. 게살 반죽을 조금 떼어내어 지름 5cm의 원형으로 빚는다. 원형 반죽들을 1의 달걀물에 담갔다가 만두피 조각들 위에 굴리고, 만두피 조각들이 잘 붙어 있도록 손에 쥐고 가볍게 눌러준다.

3. **원형 반죽들을 뜨거운 기름에 넣는다.** 겉에 입힌 만두피 조각들이 바삭해지고, 속까지 잘 익도록 몇 분간 사방을 골고루 튀긴다.

더지의 기똥찬 키메로크 찹스테이크

숙련도: 대가
준비 시간: 10분
고기 재우는 시간: 8시간 또는 밤새
조리 시간: 10~15분
분량: 2인분
어울리는 음식: 쿠스쿠스 또는 쌀밥

공포의 섬이 가라앉은 이후 키메로크 고기를 구할 수 없게 되었으니 대신 양고기로 만족할 수밖에 없다. 거듭 강조하지만, '라크마 왕자'만은 절대 건드리지 마라. 그는 아제로스에 마지막으로 남은 최후의 키메로크다. 여러분이 그 전설적인 둔부살을 가져가겠다고 떼로 덤비면 녀석이 너무 불쌍하지 않은가. 양고기로 대체해도 충분히 맛있으니, 한번 믿고 먹어보길.

찹스테이크 재료

레드커리 페이스트 … 1큰술

럼 또는 버번 … ¼ 컵

닭 육수 … ½ 컵

양고기 어깨살 … 450g

올리브오일 … 1~2큰술

가루양념 재료

커민가루 … 1작은술

파프리카가루 … 1작은술

알레포 페퍼 플레이크 또는 기타 레드페퍼 플레이크 … 1작은술

육두구가루, 계핏가루 … ½ 작은술씩

소금 … 1꼬집

1. 레드커리 페이스트, 럼, 닭 육수를 위생백 또는 얕은 오븐접시에 넣고 섞어서 양념을 만든다. 여기에 양고기를 넣고 양념을 골고루 묻힌 뒤 최소 8시간 또는 밤새 그대로 둔다.

2. 양고기를 조리할 준비가 되면, 작은 그릇에 가루양념 재료를 모두 넣고 섞는다. 큰 프라이팬에 올리브오일을 두르고 중불에 달군다. 팬이 달궈질 동안 양고기를 위생백에서 꺼내어 접시에 놓고, 키친타월로 양고기를 톡톡 두드린 후, 가루양념의 절반을 한쪽 면에 꾹꾹 누르면서 문지른다. 양고기를 뒤집어서 나머지 면에도 남은 가루양념을 문질러 바른다.

3. 프라이팬이 뜨겁게 달궈지면, 양고기를 조심스럽게 얹는다. 고기의 굽기 정도를 취향에 맞게 조절하며, 한 면당 4~5분씩 익힌다. 양고기를 프라이팬에서 꺼내어 잠시 놓아둔다. 이때 쿠킹 포일을 덮어서 고기를 따뜻하게 유지한다.

4. 만약 소스를 곁들이고 싶다면, 양고기를 재우고 남은 양념을 싹싹 긁어모아서 별도의 프라이팬에 붓고, 약간 되직해질 때까지 몇 분간 저으면서 졸인다. 체에 받쳐서 건더기는 걸러내고 종지에 소스를 담아서 양고기와 함께 식탁에 올린다.

연어 숯불구이

얼음장처럼 차가운 연어와 화롯불처럼 뜨거운 가마가 만나듯, 노간주
열매의 차가운 과육과 향신료의 따뜻한 기운이 만나 서로 우위를 경쟁한다.
노스렌드에 이렇게 맛있는 음식이 또 있을까!

숙련도: 수습생
준비 시간: 1시간
조리 시간: 10분
분량: 2인분
어울리는 음식: 야생 철쭉 떡
(61쪽), 아스파라거스 또는
완두콩 볶음

생연어 필렛(100g) … 2덩어리
참기름 또는 식물성 식용유 … ¼ 컵
간장 … 2큰술
발사믹 식초 … 2큰술
황설탕 … 2작은술
스리라차 소스 … ½ 작은술
북지 양념(20쪽) … ½ 작은술
생강가루 … ½ 작은술

1. **위생백에 연어를 제외한 나머지 재료를 모두 넣고 섞는다.**
여기에 연어를 넣고 양념을 묻힌 후 최소 1시간 또는 밤새
냉장고에 놓아둔다.

2. **연어를 양념에 재우는 동안 가장자리가 살짝 올라온
오븐팬에 쿠킹 포일을 깐다.** 연어를 구울 준비가 되면,
오븐의 브로일러를 가장 강한 세기로 작동시키고, 쿠킹
포일을 깐 오븐팬에 연어를 껍질이 아래로 향하게 놓는다.
오븐팬을 브로일러 바로 아래에 밀어 넣고, 연어의 두께에
따라 5~10분간 굽는다. 연어가 연한 분홍색으로 변하고,
포크로 건드렸을 때 쉽게 갈라지면 다 익은 것이다.
오븐에서 꺼내어 바로 먹는다.

숲타조 다리

숙련도: 수습생
준비 시간: 10분
굽는 시간: 약 1시간
분량: 다리 4조각
어울리는 음식: 루트 비어 플로트 (바닐라 아이스크림을 얹은 무알콜 맥주), 매콤한 야채 튀김(55쪽)

숲타조 다리고기는…… 정말로 거대하다! 다크문 축제에서 각종 게임과 이국적인 오락거리를 한바탕 즐기고 난 후라면, '숲타조 다리'만큼 기운을 샘솟게 해주는 음식도 없을 것이다.

- 칠면조 다리 … 4조각(1조각당 약 450g)
- 코셔소금(훈제소금이 가장 좋음) … 2작은술
- 양파가루 … 1작은술
- 마늘가루 … 1작은술
- 고수씨가루 … 1작은술
- 말린 마저럼 … 1작은술
- 파프리카가루, 흑후추 … ½ 작은술씩
- 발사믹 식초 … ¼ 컵

1. **오븐을 200℃로 예열하고, 오븐팬에 쿠킹 포일을 깐다.** 칠면조 다리를 깨끗이 씻고, 키친타월로 톡톡 두드려 물기를 제거한다. 발사믹 식초를 제외한 나머지 재료를 모두 섞어서 가루양념을 만든다. 칠면조 다리에 발사믹 식초를 가볍게 바른 다음, 가루양념을 꾹꾹 문질러 바르고, 칠면조 고기를 오븐팬에 올린다.

2. **칠면조 고기를 20분간 굽는다.** 온도를 175℃로 낮추고 30분간 더 굽는다. 껍질이 짙은 갈색으로 변하고, 칠면조 내부 온도가 75℃가 되면 다 구워진 것이다.

그라추의
엄마손 고기 파이

숙련도: 대가
준비 시간: 1시간
굽는 시간: 45분
식히는 시간: 30분
분량: 파이 1개
어울리는 음식: 매시트포테이토, 흑맥주, 그라추의 말린 과일 듬뿍 케이크(173쪽)

굴뚝나무 목장조합은 축제 기간에 맞춰 최고의 음식들을 시장에 내보인다. 겨울맞이 축제 기간 동안 맛있는 고기 파이 한 조각이 당신을 뼛속까지 따뜻하게 덥혀줄 것이다.

플레이키 파이 도우(22쪽) … 1회분

버터 … 수북한 1큰술

리크(대충 썰기) … 큰 것 1개

다진 마늘 … 3쪽분

당근(껍질 벗겨서 썰기) … 2개

셀러리(썰기) … 2줄기

스튜용 소고기(한입 크기로 썰기) … 450g

소시지(한입 크기로 썰기) … 225g

다진 소고기(또는 돼지고기) … 450g

밀가루 … 3큰술

신선한 타임과 로즈마리 다진 것 … ½작은술씩

소금, 후춧가루 … ½작은술씩

흑맥주 … 1컵

비프 스톡* … 1컵

완두콩 … 1컵

글레이즈

달걀물(물 1작은술을 넣고 휘젓기) … 1개분

* 액상 혹은 분말을 이용해 비프 스톡을 만들 경우, 물 1컵에 해당 재료를 적당량 넣는다.

1. 먼저 플레이키 파이 도우를 만들어서 차가운 장소에 휴지시키고, 그동안 속재료를 만든다.

2. 큰 프라이팬에 버터 절반을 넣어 중불에 녹이고, 리크와 마늘을 넣고 몇 분간 볶는다. 리크가 부드러워지기 시작하면, 당근과 셀러리를 차례로 넣고 5분간 볶는다. 채소들이 부드러워지면 불을 끄고, 파이 속재료를 모두 담을 만큼 큰 냄비에 옮겨 담는다.

3. 앞서 사용했던 프라이팬에 남은 버터를 넣어 녹인 후 스튜용 소고기를 넣는다. 중간 중간 소고기를 뒤집어서 모든 면이 갈색이 되게 굽는다. 채소를 담아둔 냄비에 소고기를 옮겨 담고, 프라이팬에 남은 버터와 소고기 기름은 그대로 둔다. 같은 방식으로 소시지를 구워서 냄비에 옮겨 담는다. 마지막으로 다진 고기도 같은 프라이팬을 사용하여 갈색이 되게 굽는다. 다진 고기가 완전히 익으면 불 세기를 강약불로 줄이고 기름을 덜어낸다. 그런 다음 밀가루를 뿌리고 뒤적여서 다진 고기와 섞는다. 여기에 흑맥주를 붓고, 국물이 어느 정도 되직해질 때까지 저어준 뒤, 마찬가지로 냄비에 옮겨 담는다. 허브와 소금, 후추, 비프 스톡도 냄비에 넣고, 국물이 어느 정도 줄어들 때까지 중강불에 30~40분간 끓인다. 완성된 속재료를 큰 접시에 옮겨 담아서 완전히 식힌다.

〈다음 장에 계속〉

그라추의
엄마손 고기 파이

4. **오븐을 190℃로 예열한다.** 준비한 플레이키 파이 도우 중 큰 덩어리를 둥글게 펴서 파이 접시에 펼쳐놓는다. 가장자리에 튀어나온 부분은 그대로 걸쳐둔다.

5. **완두콩을 속재료에 추가한다.** 그런 다음 속재료를 파이 도우에 담는다. 가운데를 소복하게 쌓고, 남은 국물을 조금씩 윗면에 골고루 뿌려준다. 준비해둔 플레이키 파이 도우 중에서 작은 덩어리를 둥글게 밀어 펴서 속재료 위에 덮는다. 가장자리를 잘라내고, 주름을 잡아서 장식한다. 겉면에 달걀물을 바르고, 오븐에 넣어서 윗면이 황금색으로 변할 때까지 45분간 굽는다. 다 구워진 파이를 자르기 전에 최소 30분 이상은 식혀야 한다.

요리사의 팁 : 파이에 들어가는 고기의 종류는 얼마든지 바꿔도 되지만, 대략적인 비율만큼은 그대로 지켜야 한다. 덩어리 고기 1 : 다진 고기 1 : 소시지 ½, 이 황금비율을 잊지 말자!

아이언포지 휴대 식량

숙련도: 전문가

준비 시간: 15분

분량: 4~6인분(소량씩)

어울리는 음식: 맥주, 식초에 절인 채소, 샤프 치즈, 으깬 뿌리채소

양 순대와 맥주의 조합이 환상적인 드워프 종족의 '아이언포지 휴대 식량'은 천 년 이상의 역사를 자랑하는 용사들의 점심 식사였다. 일정이 오락가락하는 경비 임무 중에 간편하면서도 든든히 먹을 수 있는 안성맞춤 식사다.

버터 … 2큰술

샬롯(채썰기) … 2~3개

소금 … 1꼬집

해기스(Haggis)* 통조림(425g) … 1개

밀가루 … 1큰술

맥주 … 350㎖

바게트(슬라이스해서 굽기) … 4~6쪽

슈레드 체더 치즈 … 1컵

소금, 후춧가루(선택 사항)

1. **프라이팬에 버터를 넣고 중불에 녹인다.** 여기에 샬롯을 넣고 투명하고 부드러워질 때까지 볶는다. 소금과 해기스를 추가한 후 흐트러뜨려서 골고루 데운다. 밀가루를 넣고 휘저어서 잘 섞어준 뒤 맥주 ⅓을 부으면 걸쭉한 그레이비소스가 완성된다. 만약 묽은 소스를 선호하면, 맥주를 조금 더 추가한다.

2. **바게트를 오븐팬에 가지런히 놓고 그 위에 1의 소스를 균일하게 나누어 담은 다음,** 체더 치즈를 뿌린다. 오븐의 브로일러 바로 아래에 넣고 치즈가 녹을 정도로만 살짝 굽는다. 취향에 따라 소금과 후추를 뿌리고, 남은 맥주를 곁들여 먹는다.

* 양의 내장으로 만든 순대 비슷한 스코틀랜드 음식이다.

오그릴라 닭발 튀김

숙련도: 수습생
준비 시간: 10분
굽는 시간: 15~20분
분량: 약 4인분(12조각)
어울리는 음식: 케첩, 꿀, 머스터드, 각종 딥소스, 프렌치프라이

칼날 산맥을 모험하느라 뱃가죽이 등에 붙은 당신에겐 거대한 '오그릴라 닭발 튀김'이 특효약이다.

올리브오일 … 1큰술
습식(일본식) 빵가루 … 1½ 컵
마늘가루 … 1작은술
파르메산 치즈 … ¼ 컵
달걀 … 1개
머스터드 … 1큰술
밀가루 … 1큰술
소금, 후춧가루 … 1꼬집씩
닭 가슴살(길이 2.5㎝로 얇고 길게 썰기) … 450g

1. **오븐을 200℃로 예열한다.** 오븐팬에 유산지를 깔고, 오븐팬 위에 식힘망을 놓는다.

2. **팬에 올리브오일을 두르고 중불에 달군다.** 빵가루와 마늘가루를 넣고 중간 중간 저어주면서 약 5분간 노릇하게 볶는다. 불을 끄고 중간 크기의 그릇에 옮겨 담는다. 빵가루가 식으면, 파르메산 치즈를 섞고 옆에 놓아둔다.

3. **별도의 그릇에 달걀, 머스터드, 밀가루, 소금, 후추를 섞어 튀김옷을 만든다.** 닭 가슴살 조각을 한 개씩 그릇에 담가 튀김옷을 고루 묻히고 2의 빵가루 그릇에 옮겨 마찬가지로 사방에 골고루 묻힌다. 빵가루를 입힌 닭 가슴살을 식힘망에 올리고, 나머지 조각들도 동일하게 작업한다.

4. **오븐에 넣어 15~20분간 구워서 닭 가슴살을 완전히 익힌다.** 겉면의 가장자리가 살짝 갈색이 될 때까지 구우면 된다. 좋아하는 딥소스를 곁들여서 바로 먹는다.

메추라기 구이

숙련도: 전문가
준비 시간: 10분
조리 시간: 약 25분
분량: 2인분
어울리는 음식: 양념한 필래프

동부 왕국의 남쪽 마을에서 즐겨 먹는 달콤 짭조름한 '메추라기 구이'는 공들여 만들 가치가 충분한 음식이다. 메추라기 한 마리를 한입에 통째로 해치우는 오우거들에게는 가벼운 간식거리이며, 오우거보다 작은 종족에게는 한 손에 들고 뜯어먹기 좋은 한 끼 식사다.

- 메추라기 … 6마리(또는 6호 생닭 2마리)
- 다진 마늘 … 2쪽분
- 신선한 허브(요리사가 선택) 다진 것 … 1큰술(나눠놓기)
- 적양파(8등분하기) … 큰 것 1개
- 올리브오일 … 2큰술
- 발사믹 식초 … 1작은술
- 황설탕 … 2큰술
- 육두구 … 1꼬집
- 소금, 후춧가루 … 취향대로 준비
- 포도(작은 송이로 나눠놓기) … 225g
- 사과주스 … ¼컵

1. **오븐을 230℃로 예열한다.** 다진 마늘과 허브를 작은 그릇에 넣고 섞은 후 메추라기 속에 조금씩 바른다. 작은 그릇에 올리브오일 1큰술, 발사믹 식초, 황설탕, 육두구를 넣고 섞은 다음, 적양파를 추가해 버무린다. 양념이 묻은 적양파 양념을 로스팅팬 바닥에 펼쳐 놓고, 그 위에 메추라기를 가슴이 아래로 향하게 놓는다. 10분간 구운 후 뒤집는다. 남은 올리브오일 1큰술을 메추라기에 고루 바르고, 소금과 후추를 뿌린다.

2. **메추라기 주위에 작은 포도송이들을 펼쳐 놓는다.** 로스팅팬 바닥에 사과주스를 부은 다음 오븐에 다시 넣고 10~15분가량 굽는다. 메추라기를 더욱 노릇하게 굽고 싶다면, 오븐의 브로일러 바로 밑에 몇 분간 놓아둔다.

돌연변이 물고기 별미

숙련도: 대가

준비 시간: 10분

조리 시간: 20분

분량: 작은 타코 6개

어울리는 음식: 과일둥둥 맞나주 (204쪽)

누군가 해적 구린수염의 조리법을 훔친 뒤로 이 요리를 만든 이들에게 기이한 일들이 벌어졌다. '돌연변이 물고기 별미'를 먹으면 미친 듯이 날뛰게 될 수 있으니 조심하자. 해적으로 돌변할 수도 있다.

타코 재료

식물성 식용유(튀김용)

틸라피아* 필렛 ⋯ 3조각

옥수수알 ⋯ 2컵

빨간 피망(깍둑썰기) ⋯ ½ 컵

화이트 와인 식초 ⋯ 조금

소금, 후춧가루 ⋯ 1꼬집씩

밀가루 토르티야 ⋯ 작은 것 6장

타르타르소스 ⋯ ½ 컵

적양배추(얇게 채썰기) ⋯ 약 1컵

튀김옷 재료

밀가루 ⋯ 1½ 컵

옥수수전분 ⋯ ¼ 컵

버터밀크 ⋯ 1½ 컵

소금, 카옌페퍼 ⋯ 1꼬집씩

1. 작은 프라이팬에 식용유를 높이 2.5cm만큼 붓고, 기름 온도가 150℃가 될 때까지 중불로 가열한다. 작은 믹싱볼에 튀김옷 재료를 모두 넣고 휘저어서 매끈하고 걸쭉한 튀김옷을 만든다. 틸라피아는 각각 이등분하고 키친타월로 톡톡 두드려 물기를 제거한 다음 튀김옷을 입혀 뜨거운 기름에 조심스럽게 넣는다. 한 면당 1~2분씩 노릇하게 튀긴 후 키친타월을 깐 접시에 올려서 기름기를 뺀다.

2. 별도의 팬에 식용유를 살짝 두르고, 옥수수알과 피망을 몇 분간 볶는다. 갈색이 되기 시작하면 화이트 와인 식초를 뿌린다. 30초간 뒤적인 후 불을 끄고 소금과 후추를 뿌린다.

3. 이제 타코를 만든다. 먼저 토르티야 중앙에 타르타르소스를 펴 바른다. 틸라피아 1조각을 놓고, 그 위에 2의 옥수수와 피망 토핑을 얹고, 채썬 적양배추를 흩뿌려 먹는다.

* 아프리카 동남부가 원산인 흰살 생선이다. 최근엔 대형 마트에서도 손쉽게 구할 수 있다. 대구, 도미 같은 다른 흰살 생선으로 대체해도 된다.

땅콩 닭꼬치

숙련도: 전문가
준비 시간: 5~10분
고기 재우는 시간: 최소 4시간
조리 시간: 10분
분량: 4인분
어울리는 음식: 쌀밥, 볶은 채소

판다렌의 명물인 '땅콩 닭꼬치'는 진한 땅콩소스를 듬뿍 머금은 부드러운 맛이 특징이다. 따끈한 쌀밥 위에 신선한 토마토와 껍질콩(그린빈)으로 장식한 닭꼬치가 있다면 무엇이 더 필요하랴?

닭 가슴살 … 큰 덩어리 4개
나무꼬치 … 4개

양념 재료

간장 … ½ 컵
다진 생강 … 1작은술
소금 … 1꼬집
방울토마토, 껍질콩(선택 사항, 장식용)

소스 재료

크리미 땅콩버터 … ¼ 컵
코코넛밀크 통조림(340㎖) … 1개
황설탕 … ¼ 컵
간장 … 1큰술
레드커리 페이스트 … 1½ 큰술

1. **닭 가슴살과 양념 재료들을 큰 그릇 또는 튼튼한 위생백에 넣고 섞는다.** 냉장고에 최소 4시간 또는 밤새 놓아두고, 중간 중간 뒤적여서 고기가 양념에 잘 재워졌는지 확인한다. 나무꼬치 4개를 물속에 담가놓는다.

2. **작은 냄비에 소스 재료들을 넣고 섞은 후 중불에 올린다.** 부드럽게 저어서 매끈하고 크리미하게 만든 다음, 불을 끄고 살짝 식힌다.

3. **닭 가슴살을 통째로 나무꼬치에 끼운다.** 그릴에 올려 중강불에 10분간 굽는다. 중간에 고기를 뒤집어서 양면을 완전히 익힌다. 꼬치를 접시에 올리고, 소스를 뿌려서 맛있게 먹는다.

요리사의 팁 : 취향에 따라 방울토마토와 껍질콩을 꼬치에 끼워서 장식한다. 고기를 다 구운 다음 꼬치에 끼우되 껍질콩은 미리 소금물에 살짝 데쳐놓는다.

서서히 구운 칠면조

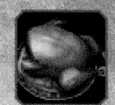

숙련도: 전문가

준비 시간: 10분

조리 시간: 450g당 20분

분량: 칠면조 1마리(다수의 인원이 나눠 먹기 충분한 양)

어울리는 음식: 고구마 맛탕 (31쪽), 새콤달콤 덩굴월귤 소스(35쪽), 따뜻한 사과맛 탄산수(202쪽)

순례자의 감사절을 맞아 대표 메뉴인 '서서히 구운 칠면조'를 만드는 것만큼 풍성한 수확을 축하하기 좋은 방법이 또 있을까? 어떤 파티원이든 이 부드럽고 맛있는 칠면조 요리에 만족할 것이다. 단, 칠면조 냄새에 이끌려 초대하지 않은 이방인들이 찾아와도 너무 놀라지 말자!

- 칠면조 … 통째로 1마리(5.4kg 이상)
- 닭 육수 … 2컵
- 사과주스 … 2컵
- 꿀 … 1큰술
- 양파(대충 썰기) … 1개
- 양념빵 범벅(51쪽) … 1회분(선택 사항)
- 녹인 버터 … ¼ 컵
- 화이트 와인 … ¾ 컵
- 가을 약초(18쪽) … 1큰술
- 소금 … 취향대로 준비
- 옥수수전분(그레이비소스용)

1. 오븐을 220℃로 예열하고, 속이 깊고 큼직한 로스팅팬 안에 식힘망을 놓는다. 로스팅팬 바닥에 닭 육수, 사과주스, 꿀을 붓고, 양파를 넣는다. 칠면조 속을 양념빵 범벅(선택 사항)으로 채우고 식힘망에 올린다.

2. 작은 그릇에 버터, 화이트 와인, 가을 약초를 넣고 섞는다. 이 양념을 칠면조 겉면에 바르고, 소금도 뿌린다. 이렇게 하면 칠면조가 갈색으로 노릇하게 구워진다.

3. 칠면조를 오븐에 넣고 30분간 구운 뒤 오븐 온도를 175℃로 낮춰 계속 굽는다. 로스팅팬 바닥에 있는 국물을 45분마다 칠면조 겉면에 끼얹는다. 이렇게 하면 고기의 풍미와 먹음직스러운 색이 한층 더 짙어진다. 총 굽는 시간은 450g당 약 20분으로 잡으면 된다. 즉, 5.4kg의 칠면조라면 4시간이 소요된다. 이때 고기 내부 온도는 약 75℃에 도달해야 한다. 겉면이 너무 짙은 갈색으로 변한다 싶으면 은박지를 텐트 모양으로 만들어서 칠면조 위에 덮는다. 이때 은박지가 칠면조 껍질에 닿지 않게 주의한다. 또한 국물이 부족하다 싶으면, 로스팅팬에 물을 1컵씩 추가한다.

4. 칠면조가 완전히 익으면 오븐에서 꺼내어 큰 접시에 올린 후 그레이비소스를 만든다. 우선 로스팅팬에 남은 국물 위로 떠오른 기름을 걷어내어 버린 다음, 넓은 팬에 국물을 붓고 약불로 가열한다. 옥수수전분은 물을 조금 넣고 풀어준다.

5. **국물과 옥수수전분물을 섞는다.** 국물 1컵당 옥수수전분물 1작은술의 비율이 적당하다. 더 걸쭉하게 만들고 싶다면, 옥수수전분물의 양을 늘린다.

부드러운 뾰족엄니 스테이크

숙련도: 수습생
준비 시간: 5분
조리 시간: 15분
소스 만드는 시간: 10분
분량: 2인분
어울리는 음식: 구운 녹색채소, 당근 볶음(45쪽), 맛이 깊은 레드 와인

멧돼지와 순록의 잡종을 상상해보라. 그것이 바로 '뾰족엄니'다. 특히 마법을 사용하는 이들이 뾰족엄니 스테이크를 즐겨 먹는데, 그들의 주장에 따르면 마법을 부리는 데 화룡점정 같은 역할을 한다고 한다. 그 원리는 묻지 마시라.

소고기 스테이크(실온 상태) … 450g짜리 2덩어리
올리브오일 … 1큰술
무염 버터 … 1~2큰술
소금 … 1큰술
북지 양념(20쪽) … 1작은술
다진 마늘 … 1쪽분
레드 와인 … 1컵

1. 팬에 올리브오일과 버터를 넣고 중강불에 녹인다. 작은 그릇에 소금, 북지 양념, 다진 마늘을 넣고 섞은 후 스테이크 양면에 적당히 바른다.

2. 스테이크를 팬에 올리고 1~2분간 익힌다. 뒤집어서 다른 면도 1~2분간 익힌 뒤 레드 와인을 조심스럽게 붓는다('치익' 소리를 내면서 잠시 와인이 튈 것이다). 몇 분간 익혀서 미디엄 레어로 굽는다. 취향에 맞게 굽기 정도를 조절한 후 도마에 올린다. 스테이크 위에 쿠킹 포일을 느슨하게 덮어놓고, 팬에 남은 국물을 10분가량 끓여 걸쭉하면서도 부을 수 있는 정도의 묽기로 졸여 소스를 완성한다.

겨울맞이 숯불구이

숙련도: 전문가
준비 시간: 15분
조리 시간: 1시간
분량: 4~6인분

어울리는 음식: 당근 볶음(45쪽), 매시트포테이토, 레드 와인

즐거운 겨울맞이 축제 하면 생각나는 친숙한 냄새와 맛이
숯불구이의 진한 소스와 어우러져서 이 요리를 먹을 때마다 지난
축제의 기억이 되살아날 것이다.

로스팅 재료

소고기 우둔살(구이용) … 약 1.3kg

올리브오일

소금, 후춧가루

소스 재료

레드 와인 … 1½ 컵

샬롯(대충 썰기) … 3개

길이 2.5cm의 생강(다지기) … 1개

계핏가루 … 1꼬집

갓 갈은 흑후추 … 1꼬집

발사믹 식초 … 1작은술

가염 버터 … 4큰술

1. **오븐을 200℃로 예열한다.** 소고기 전면에 올리브오일을 바르고, 소금과 후추를 적당히 뿌린다. 로스팅팬에 넣고 1시간가량 굽는다. 고기의 내부 온도가 60℃에 이르면 절반 정도 익은 것이다.

2. **고기를 굽는 동안 소스를 만든다.** 버터를 제외한 소스 재료를 모두 작은 팬에 넣고 10~15분간 자글자글 졸인다. 맛을 보고 입맛에 맞게 간을 맞춘다. 그런 다음 버터를 조금씩 넣어 휘저으면서 매끈한 질감의 소스를 만든다. 샬롯과 생강을 건져내고, 소고기 위에 소스를 숟가락으로 흩뿌린다.

디저트

후식의 길

선홍딸기 타르트 · 149

츄르릅 버찌 파이 · 151

파티 초콜릿 케이크 · 153

초콜릿 과자 · 155

창조된 마나 찐빵 · 157

창조된 마나 사과빵 · 159

달라란 초코빵 · 161

열대과일 튀김 · 163

맛 좋은 초콜릿 케이크 · 165

생강 과자빵 · 169

고블린 쿠키 · 171

그라추의 말린 과일 듬뿍 케이크 · 173

얼음 망고 · 175

친절한 모저씨의 머핀 · 177

양념 석류사과 저밈 · 181

호박 파이 · 183

쌀 푸딩 · 185

라일라크 발톱 · 187

설탕 범벅 꽈배기 · 189

아롱다롱 경단 · 191

선홍딸기 타르트

숙련도: 전문가
준비 시간: 15분
숙성 시간 : 30분
굽는 시간: 45분
식히는 시간: 2시간
분량: 8인분
어울리는 음식: 생크림, 허브티

이렇게 맛있는 선홍딸기를 따러 쿠엘다나스까지 가는 이가 연금술사들밖에 없다니 참으로 신기한 노릇이다! 비록 선홍딸기와 같은 효능은 없지만, 비슷한 색감과 풍미만은 충분히 살려냈다.

플레이키 파이 도우(22쪽) … 1회분
으깬 산딸기 … 300g
블루베리 … 450g
설탕 … 2컵
펙틴가루 … 3큰술
발사믹 식초 … 2큰술
카르다몸가루 … 1꼬집

1. **먼저 파이크러스트를 만든다.** 플레이키 파이 도우를 두께 3mm의 큰 원형으로 밀어 편다. 타르트팬(22cm) 또는 기본 파이팬(22cm)에 원형 반죽을 조심스럽게 깐다. 반죽을 팬 바닥에 눌러 붙이고, 가장자리에 삐져나온 부분은 잘라낸다. 반죽을 굽는 동안 바닥이 부풀어 오르는 현상을 방지하기 위해 포크로 바닥 전면을 쿡쿡 찌른다. 파이크러스트를 최소 30분 이상 냉동고에 넣어 휴지시키고, 그동안 속재료를 만든다.

2. 오븐을 190℃로 예열한다.

3. **작은 냄비에 산딸기를 넣고 중약불로 가열한다.** 산딸기가 물러서 퍼질 때까지 뭉근하게 끓인다. 산딸기를 체에 밭쳐 중간 크기의 깨끗한 그릇에 거르고, 씨는 버린다. 걸러낸 산딸기를 냄비에 다시 넣고, 나머지 재료들을 추가하여 몇 분간 끓인다. 불을 끄고 그릇에 옮겨 담은 뒤 냉장고에 넣어 식힌다.

4. **타르트를 만들 준비가 되면,** 산딸기 속재료를 파이크러스트 안에 붓고, 오븐에 넣는다. 파이크러스트가 노릇해지고 속재료가 부글거릴 때까지 약 45분간 굽는다.

5. **타르트를 조심스럽게 오븐에서 꺼낸다.** 오븐팬에 올린 채로 약 2시간 동안 완전히 식힌다. 식지 않은 상태에서 타르트를 자르면, 속재료가 흘러내릴 수 있다.

츄르릅 버찌 파이

숙련도: 대가
준비 시간: 15분
굽는 시간: 40분
분량: 파이 1개(약 8인분)
어울리는 음식: 과일향이 진한 와인 또는 포트와인

이 파이에서는 길니아스 왕국과 같은 어둠이 느껴진다. 그러나 크리스 몰러만큼 파이 만들기에 정통한 사람도 없다. 진한 풍미가 선사하는 온기와 중독성 때문에 위험한 밤거리를 방황하고 싶은 생각이 사라질 것이다.

플레이키 파이 도우(22쪽) … 1회분

냉동 다크 스위트 체리(해동시키기) … 550g

체리즙(해동된 체리에서 나온 즙) 또는 체리주스 … 1컵

설탕 … ¾ 컵

옥수수전분 … 3큰술

계핏가루 … 2작은술

카르다몸가루 … ½ 작은술

생강가루 … ½ 작은술

달걀(물 1작은술 넣고 풀기) … 1개

1. **오븐을 200℃로 예열한다.** 플레이키 파이 도우를 이등분한 뒤 한 덩어리를 밀어 펴서 파이팬에 깐다. 가장자리에 삐져나온 부분은 잘라낸다.

2. **체리를 체에 밭쳐 체리즙을 받는다.** 만약 체리즙이 많이 모이지 않거나, 생체리를 사용하는 경우에는 체리주스로 대체한다. 중간 크기의 그릇에 설탕, 옥수수전분, 향신료들, 체리, 체리즙(또는 체리주스)을 넣고 섞는다. 골고루 섞였는지 꼼꼼히 확인한 후 파이팬에 깐 반죽 위에 붓는다.

3. **나머지 반죽 덩어리를 밀어 편 다음,** 가늘고 길게 잘라서 한 줄씩 파이 위에 얹어 격자무늬로 엮는다. 반죽 조각이 남는다면 두세 줄씩 엮어 모양을 낸 뒤 파이 가장자리에 빙 둘러 장식을 해도 좋다. 파이 겉면에 달걀물을 바른다. 이때 속재료가 파이 껍질에 묻지 않게 주의한다.

4. **파이 껍질이 짙은 황금색이 될 때까지 오븐에 약 40분간 굽는다.** 완성된 파이를 자르기 전에 속재료가 충분히 굳을 수 있도록 최소 2시간 이상 식힌다.

요리사의 팁: 약간 변화를 주고 싶다면, 체리즙을 반만 넣고 나머지 분량을 레드 와인이나 포트와인으로 대체해보자. 겨울에 완벽하게 어울리는 '멀드 와인'의 풍미가 짙은 파이가 완성될 것이다.

파티 초콜릿 케이크

숙련도: 대가
준비 시간: 20분
굽는 시간: 25분
케이크 쌓는 시간: 10분
분량: 케이크 1개(약 8인분)
어울리는 음식: 바닐라 또는 생강 아이스크림, 후추 향이 나는 레드 와인, 열대과일 튀김 (163쪽)

특별한 날을 기념하는 데는 '파티 초콜릿 케이크'가 최고다. 한입 베어 물면 온몸을 따뜻하게 해 주는 향기가 입안 가득 퍼지지만, 부드럽고 은은한 휘핑크림 덕분에 부담스럽게 느껴지지 않는다. 자, 망설이지 말고 한 조각 더 먹어보자. 오늘은 특별한 날이지 않은가!

케이크 재료

휘핑크림(21쪽) … 1회분
밀가루(중력분) … 1½ 컵
설탕 … 1컵
코코아파우더 … ½ 컵
베이킹소다 … 1작은술
소금 … ½ 작은술
계핏가루 … 1작은술
생강가루 … ½ 작은술
카옌페퍼 … ¼ 작은술
버터밀크 … 1컵
식물성 식용유 … ½ 컵
바닐라 농축액 … 2작은술

견과류 설탕조림 재료

설탕 … ½ 컵
물 … 2큰술
볶은 헤이즐넛 … ½ 컵
소금 … 1꼬집

1. **오븐을 175°C로 예열한다.** 원형 오븐팬(20㎝) 2개에 오일을 바르고 밀가루를 뿌린다.

2. **마른 재료들을 한꺼번에 체로 친 다음,** 나머지 재료들과 함께 믹서에 넣고 1~2분간 섞어서 매끈하고 가벼운 반죽을 만든다. 반죽을 이등분하여 오븐팬 2개에 나눠 담는다.

3. **오븐에 20~25분간 구워서 케이크시트를 만든다.** 이쑤시개로 찔렀을 때 아무것도 묻어나오지 않아야 한다. 5분간 식힌 후 식힘망에 올린다. 케이크를 쌓기 전에 완전히 식혀야 한다.

4. **케이크 쌓기를 시작한다.** 먼저 케이크시트 1장을 서빙 접시에 올린다. 윗면에 휘핑크림 ⅓가량을 바르고, 그 위에 나머지 케이크시트를 올린다. 그 윗면에도 마찬가지로 휘핑크림 ⅓가량을 바른다. 별 모양 깍지를 끼운 짤주머니에 남은 휘핑크림을 담는다. 케이크 아래쪽 옆면을 따라 휘핑크림을 짜서 장식하고, 윗면도 장식한다. 견과류 설탕조림(아래 조리법 참고)을 케이크 윗면에 군데군데 놓은 다음 바로 먹는다.

견과류 설탕조림 만들기 : 오븐팬에 실리콘패드 또는 유산지를 깔아서 옆에 놓아둔다. 중불에 올린 작은 냄비에 물을 붓고, 설탕을 넣어 녹인다. 불 세기를 높여서 설탕물이 진한 호박색이 될 때까지 몇 분간 가볍게 끓인다. 불을 끄고, 헤이즐넛과 소금을 추가한다. 헤이즐넛에 설탕물이 꼼꼼하게 묻도록 여러 번 뒤적인다. 헤이즐넛을 건져 서로 붙지 않게 유산지 위에 펼쳐 놓고 식힌다.

초콜릿 과자

숙련도: 수습생
준비 시간: 30분
숙성 시간: 1시간
굽는 시간: 약 10분
분량: 약 24개
어울리는 음식: 시원한 우유, 뜨거운 코코아, 아이스크림

우울한 기분을 조금이라도 날려 보내는 데 초콜릿 과자만큼 효과가 좋은 것도 없다. 진한 초콜릿맛과 쌉싸래한 느낌이 아무리 심각한 일이라도 견뎌낼 힘을 줄 것이다.

무염 버터(실온 상태) … 113g
설탕(그래뉴당) … ½ 컵
달걀 … 1개
바닐라 농축액 … 1작은술
소금 … ½ 작은술
무가당 코코아파우더 … ½ 컵
계핏가루 … 1작은술
카옌페퍼 … 1꼬집
밀가루(박력분 또는 중력분) … 1¼ ~ 1½ 컵
쿠키용 로열 아이싱(21쪽) … 1회분

1. 중간 크기의 그릇에 버터, 설탕, 달걀, 바닐라 농축액을 넣고 섞어서 부드러운 크림을 만든다. 여기에 소금과 코코아파우더, 계핏가루, 카옌페퍼를 넣고 완전히 혼합시킨다. 밀가루를 조금씩 추가하면서 반죽이 질퍽이지 않을 때까지 이긴다. 납작한 원형으로 빚은 다음, 랩으로 감싸서 최소 1시간 이상 차가운 곳에 놓아둔다.

2. 반죽이 준비되면 오븐을 190℃로 예열하고, 오븐팬에 유산지를 깐다. 밀가루를 얇게 깐 판에 반죽을 올리고, 두께 6mm로 밀어 편다. 원하는 모양으로 잘라서 오븐팬에 놓는다. 오븐에 약 10분간 구운 후 식힘망에 올린다. 완전히 식힌 다음, 아이싱으로 장식한다.

창조된 마나 찐빵

숙련도: 전문가
준비 시간: 15분
숙성 시간: 1시간+20분
굽는 시간: 15~20분
분량: 약 24개
어울리는 음식: 따뜻한 사과맛 탄산수(202쪽)

마술사가 아니더라도 이 부드러운 견과류 빵을 휘리릭 만들어낼 수 있다. 글레이즈와 속재료가 과하게 달지 않아서, 다음 모험을 대비해 몰래 하나 챙겨가기 딱 좋다.

반죽 재료

데운 우유 … ¾ 컵
황설탕 … ½ 컵
인스턴트 이스트 … 1큰술
녹인 버터 … ½ 컵
달걀 … 1개
소금 … ½ 작은술
밀가루(중력분) … 4½ 컵

속재료

버터(무른 상태) … 4큰술
밀가루 … 2작은술
황설탕 … 2큰술
계핏가루 … 2큰술
잘게 다진 호두 … ½ 컵+조금(빵 위에 뿌리는 용도)

글레이즈 재료

황설탕 … 1컵
버터 … 1큰술+조금
밀가루 … 1큰술
생크림(유지방 함량 36% 이상) … ½ 컵
바닐라 농축액 … 조금

1. **큰 그릇에 우유와 설탕을 넣고 휘저어서 설탕을 녹인다.** 여기에 이스트, 버터, 달걀을 차례대로 넣고 섞는다. 소금을 추가하고, 밀가루를 조금씩 넣으면서 반죽을 작업하기 좋은 상태로 만든다. 밀가루를 얇게 깐 판에 반죽을 놓고 치대서 찔렀을 때 파인 곳이 다시 채워지는 상태로 만들되, 5분 넘게 치대지 않도록 한다. 기름칠을 한 그릇에 반죽을 넣고, 랩을 느슨하게 씌운다. 따뜻한 장소에 약 1시간 또는 반죽의 크기가 2배로 부풀 때까지 놓아둔다. 반죽이 부풀 동안 속재료를 준비한다. 마른 재료들을 버터와 섞어서 크림처럼 만든 후 옆에 놓아둔다.

2. **머핀틀 4개에 버터를 발라 옆에 놓아둔다**(또는 머핀틀 2개를 준비하여 차례대로 사용한다). 부푼 반죽을 밀가루를 얇게 깐 판에 놓고 큰 직사각형(60×30cm)으로 밀어 편다. 그 위에 속재료를 고르게 펼쳐 바르되, 긴 한쪽 가장자리에는 끝까지 채우지 않고 여백을 둔다. 반대편 가장자리부터 시작해서 단단하게 돌돌 말아서 롤을 만든다. 날카로운 칼로 롤을 2.5cm 간격으로 잘라 각각의 덩어리를 머핀틀에 하나씩 넣는다. 랩을 씌워서 약 20분간 휴지시킨다.

3. **오븐을 175℃로 예열한다.** 반죽의 윗면이 황금빛 갈색이 될 때까지 15~20분간 굽는다. 그동안 글레이즈를 만든다. 작은 냄비에 황설탕과 버터 1큰술을 넣고 중약불에 녹인다. 여기에 밀가루를 넣고 덩어리가 남지 않게 저은 뒤, 생크림을 추가한다. 농도가 부드러워지면 불을 끄고, 버터 조금과 바닐라 농축액을 넣는다.

4. **빵이 다 구워지면 오븐에서 꺼낸다.** 빵이 아직 따뜻할 때 머핀틀에서 꺼내어 식힘망에 올린다. 빵 윗면에 숟가락으로 글레이즈를 흩뿌린다. 취향에 따라 그 위에 남은 호두를 뿌려서 맛있게 먹는다.

창조된 마나 사과빵

숙련도: 대가
준비 시간: 20분
숙성 시간: 20분
굽는 시간: 20분
분량: 1개
어울리는 음식: 핑거 샌드위치, 가벼운 고기와 치즈 요리, 미모사 칵테일

모든 마법사가 '창조된 마나 사과빵'을 만들 수 있는 것은 아니다. 그러나 사과빵을 만드는 데 아무리 빼어난 마법 숙련도가 요구된다 하더라도 시간과 노력을 들여 기술을 연마한다면 당신도 충분히 만들 수 있다.

버터 페이스트리 도우(23쪽) … 1회분의 절반
체리잼 또는 레드베리잼 … ½ 컵
크림치즈 … 100g
설탕(그래뉴당) … 2큰술
바닐라 농축액 … ¼ 작은술
달걀(글레이즈용) … 1개
뿌리는 아이싱 & 글레이즈(22쪽) … 1회분
신선한 베리류 과일(선택 사항, 장식용)

1. 오븐을 200℃로 예열하고, 큰 오븐팬을 준비한다.

2. 작은 그릇에 크림치즈, 설탕, 바닐라 농축액을 넣고, 덩어리진 부분이 없게 잘 섞어서 크림치즈 페이스트를 만든다.

3. 밀가루를 얇게 깐 유산지에 버터 페이스트리 도우를 놓고, 두께 6mm 미만의 정사각형(35×35cm)으로 밀어 편다. 도우를 세로로 삼등분하여 가운데에 크림치즈 페이스트를 바르되, 위아래 4cm쯤 비워둔다. 크림치즈 페이스트를 바른 부분에 잼을 덧바른다.

4. 페이스트를 바르지 않은 양쪽 면은 2.5cm 간격을 주고 가로로 깊게 칼집을 내어 각각 14가닥의 줄을 만든 다음, 아래쪽부터 좌우 한 줄씩 번갈아가며 사선으로 비스듬히 접어 올려 잼을 완전히 덮는다. 유산지를 매우 조심스럽게 들어 올려서 오븐팬에 올린다. 달걀을 풀어서 반죽 곁면에 바른다.

5. 반죽을 랩으로 가볍게 감싼 후 20분간 휴지시켜서 부풀어 오르게 한다. 랩을 벗겨서 오븐에 넣는다. 반죽의 윗면이 먹음직스러운 황금색이 될 때까지 200℃에서 약 20분간 굽는다. 오븐에서 꺼내어 완전히 식힌 후 아이싱으로 장식한다. 취향에 따라 신선한 베리류 과일을 추가로 얹어 장식한다.

달라란 초코빵

숙련도: 수습생
준비 시간: 10분
굽는 시간: 25~30분
분량: 약 10개
어울리는 음식: 시원한 우유

'달라란 초코빵'은 반드시 앉아서 먹어야 한다. 부드럽고 중독성 강한 진한 맛을 탐험하려면 온 정신을 집중해야 하기 때문이다. 초콜릿 글레이즈가 흘러내리고 코코아파우더와 향신료 가루로 뒤덮인 달라란 초코빵은 세상 그 어떤 초코빵보다 훌륭하다. 그러니 항상 모두가 먹을 수 있을 만큼 충분한 양을 준비하자! 사람 수보다 적게 준비하는 실수는 저지르지 말도록.

반죽 재료

버터 … ½ 컵

무가당 코코아파우더 … ⅓ 컵

설탕(그래뉴당) … ¾ 컵

달걀 … 2개

바닐라 농축액 … 1작은술

밀가루(중력분) … ½ 컵

소금 … ¼ 작은술

베이킹파우더 … ¼ 작은술

글레이즈 재료

버터 … 3큰술

무가당 코코아파우더 … ⅓ 컵

우유 … 2큰술

슈거파우더 … 1컵

더스팅 재료

코코아파우더 … 1큰술

계핏가루 … 1큰술

1. 오븐을 175℃에 예열하고, 오븐팬(20×20㎝)에 버터를 바른다. 유산지를 얇고 긴 띠 모양으로 잘라서 오븐팬 중앙의 바닥을 가로지르게 놓는다. 이렇게 하면 나중에 브라우니를 팬에서 꺼내기 쉽다.

2. **반죽을 만든다. 중간 크기의 냄비에 버터와 코코아파우더를 넣고 불에 올린다.** 버터가 녹으면 불을 끄고 설탕, 달걀, 바닐라 농축액을 넣고 덩어리진 부분이 남지 않게 휘젓는다. 여기에 마른 재료들을 넣고, 힘차게 휘저어서 혼합시킨다. 반죽을 오븐팬에 붓고, 반죽 윗면을 매끄럽게 다듬는다.

3. **반죽을 25~30분간 굽고, 오븐에서 꺼내어 식힌다.** 글레이즈를 만든다. 작은 냄비에 버터를 넣고 중약불에 녹인다. 여기에 코코아파우더와 우유를 넣고 저어서 혼합시킨다. 슈거파우더를 조금씩 추가하면서 힘차게 휘젓는다. 글레이즈의 농도는 매끈하고 걸쭉하면서 부을 수 있을 정도의 묽기면 된다.

4. **초코빵을 식혀서 네모나게 자른 뒤, 윗면에 숟가락으로 글레이즈를 뿌린다.** 옆면에 흘러내릴 정도로 뿌려도 좋다. 초코빵 윗면에 코코아파우더와 계핏가루를 체에 쳐서 뿌려준다.

열대과일 튀김

숙련도: 전문가

준비 시간: 10분

조리 시간: 약 5분

분량: 2인분(소량의 식사) 또는 4인분(디저트)

어울리는 음식: 파티 초콜릿 케이크(153쪽), 바닐라 아이스크림, 요거트, 오트밀

이 달콤한 디저트는 티란데 위스퍼윈드에게 참을 수 없을 만큼 치명적인 즐거움을 준다. 딱 알맞은 정도로 부드럽게 튀겨져서 모든 재료의 풍미를 최대치로 끌어올린다.

올리브오일

덜 익은 바나나(두께 1cm로 슬라이스하기) … 1개

꿀 … 1큰술

뜨거운 물 … 1큰술

계핏가루 … 1꼬집

참깨(선택 사항, 토핑용)

1. 팬에 오일을 두르고 중약불로 달군다. 오일이 충분히 달궈지면 슬라이스한 바나나를 넣고 한 면당 2~3분씩 튀긴다. 그동안 작은 그릇에 꿀, 뜨거운 물, 계핏가루를 넣고 섞는다. 바나나의 양면이 노릇해지면 불을 끄고 꿀 혼합물을 붓는다. 한 김 식혀서 먹는다.

요리사의 팁: 바나나 대신 플랜틴(인도와 카리브해가 원산지인 바나나의 한 종류)을 사용하는 경우 조금 더 오래 튀기고 꿀의 양을 늘린다. 보통 플랜틴은 바나나보다 당도가 낮다.

맛 좋은 초콜릿 케이크

숙련도: 대가
준비 시간: 20분
프로스팅: 4시간
굽는 시간: 30분
분량: 케이크 1개(8인분)
어울리는 음식: 신선한 산딸기, 스파클링 와인

'맛 좋은 초콜릿 케이크'는 조리법이 꽤 까다롭지만, 아제로스에 이만큼 명성이 자자한 디저트도 없다. 마법초 꽃잎은 도저히 구할 수가 없어서 장미수로 대체했으며, 약간의 포트와인을 더해 맛을 한층 끌어올렸다. 덕분에 입안에서 불꽃놀이와도 같은 맛의 향연이 펼쳐진다.

프로스팅 휘핑크림 재료

베이킹용 화이트초콜릿 … 225g

휘핑용 크림 … 2 컵(1 컵씩 나눠놓기)

녹색 식용색소(선택 사항)

반죽 재료

뜨거운 물 … ½ 컵

베이킹용 화이트초콜릿 … 100g

버터(무른 상태) … 1 컵

백설탕 … 1½ 컵

달걀 … 3개

바닐라 농축액 … 2 작은술

버터밀크 … 1 컵

밀가루(중력분) … 2½ 컵

베이킹소다 … 1 작은술

베이킹파우더 … ½ 작은술

소금 … ½ 작은술

1. **프로스팅은 4시간의 냉각 과정이 필요하므로 먼저 시작한다.** 중간 크기의 그릇에 화이트초콜릿을 쪼개어 넣는다. 작은 냄비에 휘핑용 크림 1컵을 넣고 가열한다. 김이 올라오기 시작하면, 본격적으로 끓기 전에 불을 끄고 초콜릿을 넣는다. 초콜릿이 녹아서 크림과 완전히 혼합되도록 섞는다. 뚜껑을 덮고 최소 4시간 동안 두어 냉각시킨다.

2. **오븐을 175°C로 예열한다.** 원형 케이크팬(20cm) 2개에 버터를 바른 뒤 바닥에 원형 유산지를 깐다.

3. **작은 냄비에 뜨거운 물을 붓고, 화이트초콜릿을 넣어 녹인 후 식힌다.** 큰 그릇에 버터와 설탕을 넣고 섞어서 크림을 만든다. 여기에 달걀과 바닐라 농축액을 넣어 섞는다. 그런 다음 마른 재료들과 버터밀크를 번갈아가며 넣는다. 마지막으로 화이트초콜릿을 넣고 스패튤라로 포개듯이 섞어 반죽을 완성한다.

4. **케이크팬에 반죽을 붓고, 약 30분간 굽는다.** 이쑤시개로 중앙을 찔렀을 때 아무것도 묻어나오지 않아야 한다. 케이크시트를 약 10분간 식힌 후 팬에서 꺼내어 식힘망에 올려서 완전히 식힌다. 그동안 프로스팅과 필링을 준비한다.

〈다음 장에 계속〉

맛 좋은 초콜릿 케이크

필링 재료

신선한 산딸기(또는 냉동) … 1컵

설탕 … ¼ 컵

식용 장미수 … ½ 작은술

포트와인 … 1큰술

장식 재료

스타푸르트와 신선한 산딸기

5. 냉각시킨 화이트초콜릿 혼합물을 전동 믹서로 몇 분간 휘저어서 부드러운 거품 상태로 만든다. 별도의 그릇에 남은 휘핑용 크림 1컵을 넣고, 거품을 들어 올렸을 때 끝이 살짝 휘어지는 상태가 되도록 휘젓는다. 휘핑크림을 화이트초콜릿 혼합물에 넣고, 스패튤라로 포개듯이 섞는다. 몇 분간 세차게 휘저어서 단단히 모양이 잡히는 상태로 만든다. 그렇다고 너무 많이 휘저으면 안 된다! 필링에 사용할 분량(¼컵)을 덜어내고, 남은 양을 둘로 나누어 각각 그릇에 담는다. 한쪽은 흰색 그대로 두고, 나머지 한쪽은 녹색 식용색소를 섞어서 원하는 색감을 만든다.

6. 필링을 만든다. 작은 그릇에 필링 재료들을 모두 넣어 섞고, 산딸기를 으깨어 걸쭉한 페이스트를 만든다. 여기에 덜어놓은 프로스팅 휘핑크림(¼컵)을 넣어 스패튤라로 포개듯이 섞어서 예쁜 분홍빛 필링을 완성한다.

7. 필링, 프로스팅, 케이크시트가 완전히 식은 상태로 준비되면, 케이크를 쌓는다. 먼저 케이크시트 한 장을 서빙용 접시에 올린다. 흰색 프로스팅 ⅔가량을 첫 번째 케이크시트 윗면에 얇게 펴 바르고, 옆면에도 바른다. 그 위에 필링을 덧바르고, 두 번째 케이크시트를 얹는다. 옆면에는 남은 흰색 프로스팅을 바르고, 윗면에는 녹색 프로스팅을 바른다. 그 위에 산딸기와 얇게 썬 스타푸르트를 얹어 장식한다.

생강 과자빵

숙련도: 수습생
준비 시간: 20분
숙성 시간: 1시간
굽는 시간: 10분
분량: 약 24개
어울리는 음식: 겨울맞이 에그노그(210쪽)

너무나도 맛있는 생강 과자빵은 겨울 할아버지가 가장 사랑하는 간식이다. 겨울 할아버지를 직접 찾아가는 것이 귀찮거나 사람이 많은 장소에 가기 싫다면, 밤에 시원한 우유와 함께 생강 과자빵 한 접시를 준비해두자.

무염 버터 … ½ 컵

흑설탕 … ¾ 컵

달걀 … 1개

다진 생강 … 1작은술

축제일 향료(19쪽) … 2작은술

바닐라 농축액 … 1작은술

당밀 … ¼ 컵

밀가루(박력분 또는 중력분) … 2컵

베이킹소다 … ½ 작은술

소금 … 1꼬집

쿠키용 로열 아이싱(21쪽) … 1회분

---

1. 중간 크기의 그릇에 버터와 설탕을 넣고 섞어서 부드러운 크림을 만든다. 여기에 달걀을 넣고, 생강, 향료, 바닐라 농축액을 차례로 추가한다. 마지막으로 당밀과 마른 재료들을 넣고 섞어서 끈끈한 반죽을 만든다. 차가운 장소에 최소 1시간 동안 놓아둔다.

2. 반죽이 준비되면 오븐을 175℃로 예열하고, 오븐팬에 유산지를 깐다. 반죽을 두께 6mm로 밀어 펴고, 원하는 모양으로 잘라서 오븐팬에 올린다. 오븐에 약 10분간 구운 뒤 식힘망에 올린다. 과자가 완전히 식으면, 아이싱으로 장식한다.

고블린 쿠키

숙련도: 수습생
준비 시간: 5분
굽는 시간: 약 15분
분량: 10개
어울리는 음식: 애프터눈 티

한때 빌지워터 무역회사의 고블린들은 케잔 섬에 터를 잡고 살았다. 그러다가 칼림도어로 피난을 가게 되었고, '고블린 쿠키' 조리법도 함께 가져갔다. 이후 기존 조리법에 열대지방의 식재료들이 추가되었지만, 여전히 그리운 고향을 떠올리게 하는 맛이다.

가염 버터(실온 상태) … ½ 컵

설탕 … ½ 컵

육두구가루 … 1꼬집

라임 제스트* … 1작은술

피스타치오(대충 썰기) … ¼ 컵

밀가루(박력분 또는 중력분) … 1¼ 컵

* 감귤류의 가장 바깥쪽의 껍질을 간 것. 향미를 더하기 위해 사용한다. 치즈 그레이터로 직접 갈 때 흰색 안쪽 껍질이 들어가지 않게 주의한다.

1. 오븐을 175℃로 예열하고, 오븐팬에 유산지를 깐다.

2. 중간 크기의 그릇에 버터, 설탕, 육두구가루, 라임 제스트를 넣고 섞어서 크림을 만든다. 여기에 피스타치오와 밀가루를 넣고 이겨서 반죽을 만든다.

3. 오븐팬에 반죽을 올리고, 톡톡 두드려서 지름 22㎝의 납작한 원형으로 만든다. 날카로운 칼을 이용해서 반죽을 피자 조각처럼 10등분한다. 그런 다음 포크 끝으로 반죽의 윗면을 골고루 찔러서 구멍을 낸다.

4. 반죽의 가장자리가 갈색으로 변하기 시작할 때까지 약 15분간 오븐에 굽는다.

그라추의
말린 과일 듬뿍 케이크

숙련도: 대가
준비 시간: 15분
굽는 시간: 1시간
냉각 및 장식: 45분
분량: 1개
어울리는 음식: 겨울맞이 에그노그(210쪽)

겨울맞이 축제를 한 바퀴 둘러봐도 수석요리사 그라추의 과일 케이크만큼 기대되는 디저트가 없다. 이 케이크의 주재료는 말린 과일이지만, 민스 미트의 향신료로 전반적인 풍미를 배가시키고, 브랜디 아이싱으로 전통적인 축제 요리의 느낌을 한껏 살렸다.

케이크 재료

- 버터 … 113g
- 설탕 … ⅔ 컵
- 오렌지 제스트 … 약 1큰술
- 달걀 … 2개
- 버터밀크 … ¾ 컵
- 민스 미트* … 765g짜리 병 1개
- 베이킹소다 … ½ 작은술
- 베이킹파우더 … 2작은술
- 소금 … ½ 작은술
- 밀가루(중력분) … 3컵
- 말린 블랙커런트(또는 건포도) … 1컵
- 생강 편강(작게 깍둑썰기) … ¾ 컵

브랜디 아이싱 재료

- 슈거파우더(체에 치기) … 1컵
- 오렌지 제스트 … 1큰술
- 바닐라 농축액 … 조금
- 브랜디 … 1~2큰술
- 우유 … 2~3큰술

장식 재료

- 체리(이등분하기) … 약 10개

1. 오븐을 175℃로 예열하고, 번트팬에 버터를 살짝 바른다.

2. 큰 그릇에 버터, 설탕, 오렌지 제스트를 넣고 휘저어서 가볍고 부드러운 거품 같은 상태로 만든다. 여기에 달걀을 1개씩 깨뜨려 넣고, 완전히 혼합되도록 휘젓는다. 그런 다음 버터밀크를 넣고, 민스 미트, 베이킹소다, 베이킹파우더, 소금을 차례로 넣는다. 밀가루를 1컵씩 추가하면서 잘 섞어준다. 반죽이 매끄러워지면, 커런트와 생강 편강을 넣고 스패튤라로 포개듯이 섞는다. 내용물들이 골고루 혼합되도록 잘 섞어준다.

3. 반죽을 번트팬에 붓고, 오븐에 1시간 동안 굽는다. 이쑤시개로 찔러서 굽기 정도를 확인하는데, 아무것도 묻어나지 않으면 다 구워진 것이다. 만약 반죽이 묻어나오면, 10분간 더 구운 뒤 다시 이쑤시개로 확인한다. 케이크가 완전히 구워질 때까지 이 과정을 반복한다. 케이크를 10분간 식힌 후 조심스럽게 팬에서 꺼내어 식힘망에 올린다. 30분간 그대로 두어서 손으로 만져도 될 만큼 충분히 식힌다. 완전히 식히지 않은 상태에서 아이싱을 바르면 흘러내릴 수 있다.

4. 작은 그릇에 슈거파우더, 오렌지 제스트, 바닐라 농축액, 브랜디를 넣고 섞는다. 그런 다음 우유를 조금씩 부어서 걸쭉하면서도 부을 수 있을 정도의 묽기로 만든다. 케이크 위에 숟가락으로 아이싱을 뿌리고, 체리를 얹어서 장식한다.

* 파이 속재료로 쓰기 위해 사과, 건포도, 동물성 기름, 향료 등을 섞어 만든 것이다.

얼음 망고

숙련도: 수습생
준비 시간: 5분
냉동 시간: 약 3시간
분량: 4인분
어울리는 음식: 바삭바삭한 박쥐 날개(37쪽), 바닐라 요거트

과일을 넣은 '얼음 망고'는 판다리아의 고대 모구들 사이에서 가장 인기 있었던 가볍고 상큼한 디저트다. 이제는 영원꽃 골짜기까지 가서 재료를 구해올 필요 없이 집에서도 편하게 즐길 수 있게 되었다.

우유 … 1컵
가당연유 … 2큰술
발사믹 식초 … 1큰술
냉동 망고(살짝 해동된 상태) … 420g
신선한 민트 잎(장식용)

1. 우유, 연유, 발사믹 식초, 망고 140g을 푸드 프로세서에 넣고 간다. 덩어리진 부분 없이 매끈해지면 그릇에 붓는다. 남은 망고를 올리고, 민트로 장식한다. 차가울 때 먹는다.

친절한 모저씨의 머핀

숙련도: 전문가
준비 시간: 10분
굽는 시간: 25분
분량: 12개
어울리는 음식: 따뜻한 사과맛 탄산수(202쪽), 영국식 아침 식사

모저씨는 머핀 장수다. 직접 '어둠의 문'을 지나 그의 머핀을 맛보지 못했다면, 아쉬운 대로 이 조리법을 따라 머핀을 만들어보자.

이 빵을 처음 만들어 먹어보면, 이것이야말로 진정한 머핀이라는 것을 어느 누구도 부정할 수 없을 것이다. 모저씨의 명성에 걸맞게 향신료가 주는 따뜻한 기운과 은은한 풍미와 식감이 조화롭게 공존한다.

"아, 네. 저는 머핀 장수랍니다. 제가 왜 머핀 장수냐고요? 그야 머핀을 파니까 머핀 장수죠!" …샤트라스의 머핀 장수, 모저

우유 … 1컵

애플사이다 식초 … 1큰술

애플소스* … ½ 컵

황설탕 … ½ 컵(꾹꾹 눌러 담기)

식물성 식용유 … ⅓ 컵

달걀 … 1개

바닐라 농축액 … 1작은술

계핏가루 … 1작은술

생강가루 … ½ 작은술

압착 귀리(오트밀) … 1컵

베이킹파우더 … 2작은술

베이킹소다 … ½ 작은술

소금 … 1꼬집

밀가루(중력분) … 2컵

---

1. 오븐을 175℃로 예열하고, 머핀틀에 머핀컵 유산지 12개를 끼운다.

2. 중간 크기의 그릇에 우유, 애플사이다 식초, 애플소스, 황설탕, 식물성 식용유, 달걀, 바닐라 농축액을 넣고, 힘차게 휘저어서 골고루 섞는다. 여기에 계핏가루와 생강가루를 넣고, 압착 귀리, 베이킹파우더, 베이킹소다, 소금을 차례대로 추가한다. 밀가루를 1컵씩 추가하면서 되직한 반죽을 만든다. 반죽을 균일하게 나눠서 머핀컵 유산지에 담는다.

3. 토핑을 만든다. 토핑 재료를 모두 그릇에 넣고, 버터 덩어리가 남지 않게 손가락으로 비벼서 으깬다. 머핀 반죽 위에 숟가락으로 토핑을 살짝 얹고, 조심스럽게 눌러서 반죽에 붙인다.

4. 오븐에 약 25분간 굽는다. 반죽의 윗면이 옅은 갈색이 되고, 이쑤시개로 찔렀을 때 묻어나오는 것이 없어야 한다. 오븐에서 꺼내어 몇 분간 식힌다. 한 김 식으면 머핀틀에서 꺼내어 식힘망에 올리고 완전히 식힌다.

〈다음 장에 계속〉

---

* 설탕이나 향신료를 넣고 익힌 사과 퓌레이다. 조각 낸 사과와 설탕, 계핏가루 등을 넣고 조려 직접 만들어도 좋다.

친절한 모저씨의 머핀

토핑 재료

무염 버터 … 3큰술

소금 … 1꼬집

밀가루 … ⅓ 컵

황설탕 … ⅓ 컵

계핏가루 … 1작은술

압착 귀리 … ½ 컵

아이싱 재료

슈거파우더 … 1컵

바닐라 농축액 … 조금

육두구가루 … 1꼬집

퓨어 메이플 시럽 … 2작은술

우유 … 2~3큰술

5. 머핀이 식기를 기다리는 동안 아이싱을 만든다. 작은 그릇에 슈거파우더, 바닐라 농축액, 육두구가루, 메이플 시럽을 넣고 섞는다. 우유를 조금씩 추가하면서 걸쭉하고 작업하기 좋은 상태로 만든다. 완전히 식은 머핀 위에 아이싱을 뿌려서 맛있게 먹는다.

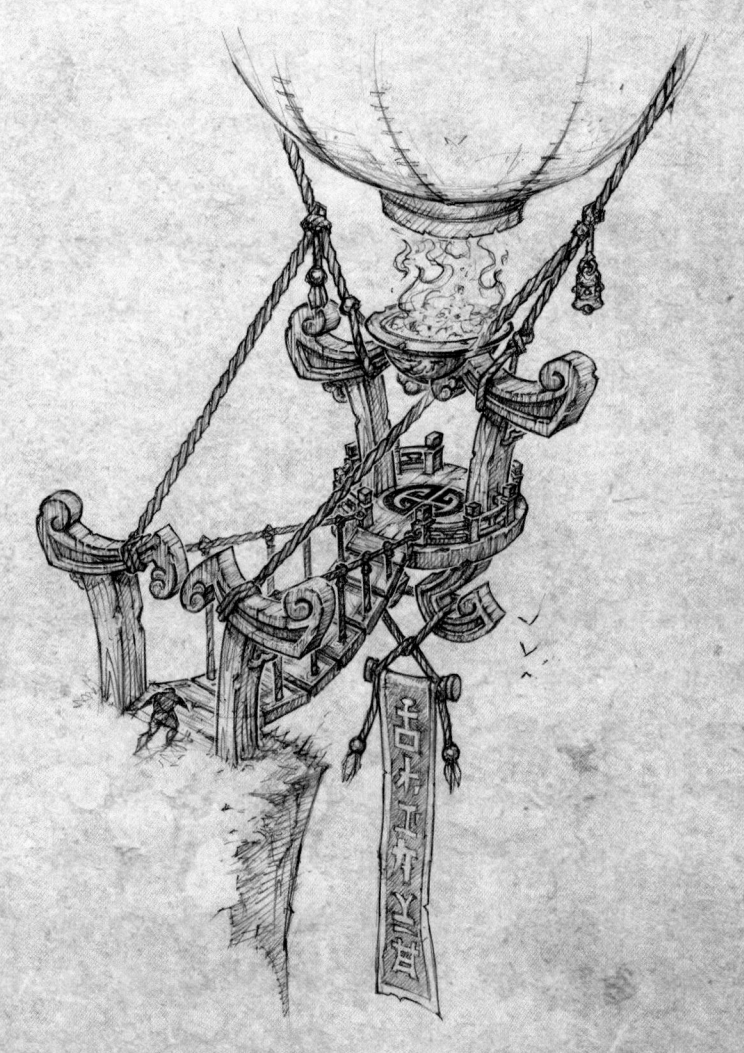

양념 석류사과 저밈

단맛과 신맛이 공존하는 '양념 석류사과 저밈'은 오직 영원꽃 골짜기에서만 만날 수 있다. 민첩성을 높여준다고 알려진 석류사과 저밈을 먹으면 몸이 깃털처럼 가벼워지는 것을 느낄 것이다.

숙련도: 전문가
준비 시간: 10분
조리 시간: 20분
분량: 2~4인분
어울리는 음식: 따뜻한 사과맛 탄산수(202쪽), 돼지고기 요리, 닭고기 요리

녹색 사과(껍질을 벗겨서 심지를 제거한 뒤 도넛 또는 웨지감자 모양으로 썰기) … 중간 크기 2개

식물성 식용유(튀김용)

튀김옷 재료

밀가루 … ¾ 컵

옥수수전분 … 2큰술

베이킹파우더 … ¾ 작은술

설탕 … 1큰술

탄산 사이다 … ½ 컵

캐러멜소스 재료

꿀 … ⅔ 컵

설탕(그래뉴당) … 1큰술

생크림(유지방 함량 36% 이상) … ⅔ 컵

무염 버터 … 1작은술

고대 판다렌 양념(17쪽) … 넉넉하게 1 꼬집

1. 작은 프라이팬에 식용유를 높이 2.5cm만큼 붓고 중불로 가열한다. 별도의 그릇에 튀김옷 재료들을 모두 넣고 휘젓는다. 사과 1조각을 튀김옷에 담갔다가 뺀다. 과하게 묻은 부분이 뚝뚝 떨어지도록 잠시 들고 있다가 뜨거운 기름에 넣는다. 튀김옷이 황금색으로 노릇하게 부풀어 오르게 한 면당 약 1분씩 튀긴다. 키친타월을 깐 접시에 튀김을 올리고, 윗면도 키친타월로 톡톡 두드려서 기름을 제거한다. 다른 사과 조각들도 동일한 방식으로 튀긴다.

2. 사과를 모두 튀긴 다음, 캐러멜소스를 만든다. 작은 냄비에 꿀, 설탕, 생크림을 넣고 중간 중간 휘저으면서 중강불에 끓인다. 소스의 온도가 약 115℃에 도달하면, 소스를 찬물에 떨어뜨렸을 때 물렁한 공 모양이 형성되는 '소프트볼 단계'에 이른다. 그러면 불을 끄고, 버터와 고대 판다렌 양념을 넣고 휘젓는다. 만약 캐러멜소스가 덩어리지기 시작하면, 끓인 물을 조금 넣고 세차게 휘젓는다.

3. 접시에 튀긴 사과 조각들을 놓고, 그 위에 캐러멜소스를 뿌려서 먹는다.

호박 파이

숙련도: 전문가
준비 시간: 20분
굽는 시간: 약 1시간
분량: 1개
어울리는 음식: 바닐라 아이스크림, 서서히 구운 칠면조(141쪽), 겨울맞이 에그노그(210쪽)

순례자의 감사절을 기념하는 자리에 '호박 파이'가 빠질 수 있겠는가? 《푸짐한 요리책》의 조리법을 그대로 따라서 만든 호박 파이는 크림처럼 부드러운 식감과 향신료의 흙 향이 일품이다. 그 위에 화룡점정으로 달달한 휘핑크림을 얹으니 이것이야말로 최고의 감탄을 자아내는 디저트인 것이다.

- 플레이키 파이 도우(22쪽) … 1회분의 절반
- 달걀 … 2개
- 축제일 향료(19쪽) … 2작은술
- 아몬드가루 … 2큰술
- 꿀 … ½ 컵
- 호박 통조림(425g) … 1개
- 무당연유 … 340g
- 휘핑크림(21쪽) … 1회분(선택 사항)

1. **오븐을 190℃로 예열한다.** 밀가루를 얇게 깐 판에 플레이키 파이 도우를 올리고, 두께 3mm로 밀어 편다. 파이팬에 도우를 깔고, 가장자리에 튀어나온 부분은 잘라낸다. 취향에 따라 잘라낸 반죽을 예쁘게 모양내서 파이크러스트를 장식해도 된다. 아니면 반죽 가장자리를 꼬집어서 기본적인 파이크러스트 모양으로 만든다.

2. **중간 크기의 그릇에 달걀을 깨뜨려 넣고, 힘차게 휘저어서 푼다.** 잘라낸 반죽으로 파이크러스트를 장식한 경우, 그 위에 달걀물을 바르면 노릇하게 구워진다. 남은 달걀물은 속재료로 사용한다. 반죽을 구울 때 바닥이 부풀어 오를 수 있으므로 반죽의 밑면과 옆면을 포크로 찔러서 공기구멍을 만든다. 파이크러스트의 겉면이 황금빛으로 노릇해질 때까지 약 15분간 굽는다.

3. **그동안 속재료를 만든다.** 달걀물에 축제일 향료, 아몬드가루, 꿀을 넣고 섞는다. 여기에 호박과 무당연유를 넣고 부드럽게 휘저어서 완전히 혼합시킨다. 구워놓은 파이크러스트에 속재료를 붓는다. 오븐에 넣고 약 40분간 구우면 속재료가 단단해지고 파이크러스트가 짙은 갈색으로 변한다. 오븐에서 꺼내어 완전히 식힌 후에 자른다.

4. **휘핑크림을 얹고**, 취향에 따라 아이스크림 1스쿱을 곁들여 먹는다.

쌀 푸딩

숙련도: 수습생
조리 시간: 30~40분
분량: 4인분
어울리는 음식: 볶은 보리차 (208쪽), 바클라바(터키의 전통 파이)

'쌀 푸딩'은 여러 문화권에서 즐겨 먹는 친숙한 음식이기에, 판다리아에서 먹는다 해도 전혀 이상할 게 없다. 진하고 크리미한 식감과 이국적인 향신료가 살짝 더해져 디저트는 물론 아침 식사로도 제격이다.

이는 네 바람의 계곡에서 발명된 조리법이며, 요리의 대가인 판다렌 성쉰 아이언포우가 가장 좋아하는 요리이기도 하다. 만약 요리의 대가가 되고 싶다면, 가장 먼저 쌀 푸딩 조리법을 연마하라!

우유(전지우유) … 4컵
아르보리오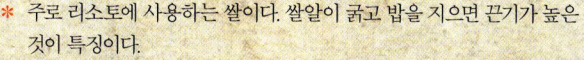* … ½ 컵
비정제 설탕(원당) … ¼ 컵
바닐라빈(길게 반으로 잘라서 씨 발라내기) … ½ 개
고대 판다렌 양념(17쪽) … 1작은술
월계수 잎 … 1장

1. 작은 냄비에 모든 재료를 넣고 섞은 뒤 중불에 끓인다. 부글부글 끓기 시작하면, 불 세기를 줄인다. 바닥에 눌어붙지 않게 중간 중간 휘젓는다. 쌀이 부드러워지면서 국물을 거의 흡수할 때까지 약 30분간 끓인다. 월계수 잎을 건져내어 버린다.

쌀 푸딩은 따뜻할 때 먹거나 차갑게 해서 먹어도 맛있다.

* 주로 리소토에 사용하는 쌀이다. 쌀알이 굵고 밥을 지으면 끈기가 높은 것이 특징이다.

라일라크 발톱

숙련도: 대가
반죽 준비 시간: 대략 6시간
빵 장식하는 시간: 45분
굽는 시간: 10~12분
분량: 약 10개
어울리는 음식: 로부스타 커피

실제 라일라크를 맞닥뜨리는 것보다 페이스트리 버전의 '라일라크 발톱'을 만나는 것이 훨씬 낫다. 겹겹이 쌓인 맛있는 빵 속에 달달한 필링이 들어 있고, '발톱' 하나하나가 입안에서 살살 녹는다. 손님들에게 깊은 인상을 주는 디저트라는 점은 말할 필요도 없다.

버터 페이스트리 도우(23쪽) … 1회분
달걀(풀어놓기) … 1개(글레이즈용)
아몬드 슬라이스 … ¼ 컵
뿌리는 아이싱 & 글레이즈(22쪽) … 1회분

필링 재료

버터(무른 상태) … 4큰술
아몬드 페이스트 … ⅔ 컵
설탕(그래뉴당) … ½ 컵
황설탕 … ¼ 컵
계핏가루 … 1큰술

1. 작은 그릇에 필링 재료를 모두 넣고, 부드러워질 때까지 잘 섞는다.

2. **오븐을 200℃로 예열한다.** 밀가루를 얇게 간 판에 버터 페이스트리 도우의 절반을 올리고, 큰 직사각형(50×25㎝)으로 밀어 편다.

3. 도우 전면에 필링을 골고루 펴 바르되, 긴 한쪽 가장자리에는 공간을 조금 남겨둔다. 반대쪽 가장자리부터 도우를 돌돌 말아서 롤을 만든다. 롤을 납작하게 살짝 누르고 가장자리를 봉합한다.

4. **날카로운 칼로 롤 반죽을 삼각형 모양이 되게 지그재그로 자른다.** 왼쪽 사진을 참고하여 각각 삼각형 반죽의 넓은 면에 칼집을 2개씩 내어 세 갈래로 나누고, 각 갈래를 꼬집어서 뾰족한 '발가락' 모양을 만든다. 유산지를 깐 오븐팬에 삼각형 반죽들을 최소 5㎝ 간격으로 가지런히 놓고 랩으로 씌운다. 그런 다음 따뜻한 장소에 30분간 두어서 부풀어 오르게 한다. 반죽이 충분히 부풀면 겉면에 달걀물을 바른다. 달걀물이 아직 끈끈할 때 '발가락' 위에 아몬드 슬라이스를 1조각씩 올려서 발톱 모양을 완성한다. 반죽이 아름다운 황금빛으로 변하면서 완전히 익을 때까지 10~12분간 굽는다.

빵을 완전히 식힌 후에 아이싱을 뿌린다.

요리사의 팁 : 버터 페이스트리 도우 1회분을 전부 사용할 경우, 모든 재료의 양을 2배로 늘리면 된다.

설탕 범벅 꽈배기

가볍고 부드러운 '설탕 범벅 꽈배기'의 정교한 모습 속에 맛있는 휘핑크림이 숨겨져 있다. 언젠가 폭풍방패나 달빛내림 터에 가게 되면 꼭 한 번 먹어보길!

숙련도: 대가
준비 시간: 20분
굽는 시간: 15~20분
분량: 약 18개
어울리는 음식: 과일 향 애프터눈 티

재료

- 물 … 1컵
- 가염 버터 … 113g
- 설탕 … 2작은술
- 밀가루(중력분) … 1컵
- 달걀 … 4개
- 휘핑크림(21쪽) … 1회분
- 뿌리는 아이싱 & 글레이즈(22쪽) … 1회분
- 슈거파우더(선택 사항)

만드는 법

1. 오븐을 220℃로 예열하고, 오븐팬 2개에 유산지를 깐다.

2. 냄비에 물, 버터, 설탕을 넣어 섞고 중불로 가열한다. 내용물이 끓기 시작하면 밀가루를 넣고 1분간 휘젓는다. 반죽이 냄비의 벽면에서 잘 떨어지는 상태가 되면 불을 끈다.

3. 반죽을 큰 그릇에 옮겨 담고, 5분간 한 김 식힌다. 반죽에 달걀을 한 개씩 깨뜨려 넣으면서 핸드믹서로 섞어준다. 달걀과 반죽이 완전히 혼합되어서 매끈해지면 핸드믹서를 멈춘다.

4. 별 모양 깍지를 끼운 짤주머니에 반죽을 담는다. 오븐팬 위에 짤주머니로 지그재그 모양을 그려서 길이 7.5cm, 너비 2.5cm의 꽈배기를 만든다. 오븐팬 1개당 15~20분씩 굽는다. 꽈배기가 살짝 바삭해지면서 황금빛으로 변하면 오븐에서 꺼내어 완전히 식힌다.

5. 꽈배기 속에 휘핑크림을 채운다. 포크로 꽈배기 밑쪽을 찔러서 구멍을 두 개 만든 다음, 휘핑크림을 넣은 짤주머니의 깍지를 조심스럽게 구멍에 찔러 넣어, 휘핑크림을 짜 넣는다. 구멍 두 개를 모두 이용해서 꽈배기 양쪽 끝까지 휘핑크림을 골고루 채워 넣는다. 오븐팬 위에 식힘망을 놓는다. 꽈배기를 아이싱 & 글레이즈에 담갔다가 식힘망에 올려서 과하게 묻은 부분이 오븐팬에 뚝뚝 떨어지게 한다. 아이싱 & 글레이즈가 마르면, 취향에 따라 슈거파우더를 뿌려서 바로 먹는다.

아롱다롱 경단

숙련도: 전문가
준비 시간: 15분
굽는 시간: 1시간 반
분량: 약 24개
어울리는 음식: 핫 코코아

강렬한 선홍색이 아름답게 소용돌이치는 달콤하고 바삭한 '아롱다롱 경단'은 오직 칼림도어의 나이트 엘프들만이 만들고, 판매할 수 있다. 이는 아제로스 전국 각지에서 온 방문객들이 가장 많이 찾는 디저트 중 하나다. 일단 한입 먹어보면 왜 그런지 바로 이해가 될 것이다.

달걀흰자(실온 상태) … 큰 것 3개분

소금 … 1꼬집

주석산* … 1꼬집

설탕(그래뉴당) … ¾ 컵

라즈베리 향 또는 딸기 향 시럽 … 조금

빨간색 식용색소(젤 타입)

* 포도주산이라고도 불리는 화학물질로, 베이킹 시 머랭이나 마카롱 등을 단단하게 해주는 역할을 한다.

1. 오븐을 200℃로 예열하고, 오븐팬에 유산지를 깐다. 큰 사이즈의 깍지를 끼운 짤주머니를 목이 긴 유리컵에 넣는다. 그런 다음 짤주머니 안쪽에 얇은 붓을 이용해 빨간색 식용색소를 바른 후 옆에 놓아둔다.

2. 중간 크기의 그릇에 달걀흰자, 소금, 주석산을 넣고 가장 **빠른 속도로 약 1분간 휘젓는다.** 달걀이 잘 풀어져서 거품이 생기면, 속도를 중간으로 줄이고 설탕을 조금씩 추가한다. 약 7분간 계속해서 휘저어서 거품을 들어 올렸을 때 끝이 단단하게 서는 '스티프 픽' 상태를 만든다. 시럽을 넣고 휘저어서 완전히 혼합시킨 다음, 큰 숟가락을 이용해서 짤주머니에 담는다. 이때 짤주머니 속에 발라놓은 식용색소가 흐트러지지 않게 주의한다.

3. 유산지 위에 짤주머니를 소용돌이 모양으로 둥글게 짜서, 지름 5㎝의 머랭을 만든다. 오븐에 넣고 약 1시간 반 또는 머랭을 만졌을 때 완전히 마른 상태가 될 때까지 굽는다. 오븐을 끄고 문을 살짝 열어둔 상태에서 머랭을 그 안에서 식힌다. 머랭이 식으면, 밀폐용기 안에 넣어서 보관한다.

드링크
음료의 길

선인장 사과 별미 · 195

체리 그로그주 · 196

가르의 운향귤즙 · 197

겨울 할아버지 꽁꽁주 · 199

하스글렌 불멸주 · 200

꿀박하 차 · 201

따뜻한 사과맛 탄산수 · 202

밀림덩굴 포도주 · 203

과일동동 맛나주 · 204

달빛주 · 205

판다렌 매실주 · 206

진주 우유차 · 207

볶은 보리차 · 208

남쪽 섬 냉차 · 209

겨울맞이 에그노그 · 210

선인장 사과 별미

숙련도: 전문가
준비 시간: 5분
분량: 2인분
어울리는 음식: 용숨결 칠리 (97쪽), 고블린 쿠키(171쪽)

시험의 골짜기에 강렬한 무더위가 시작되었다. 그런데 고맙게도 갈가르가 자신만의 독창적인 해석을 담은 '선인장 사과 별미' 레시피를 공유해주었다. 더위를 시원하게 날려주는 상쾌한 칵테일은 습격이 있던 긴 하루에 대한 완벽한 보상이 되어준다.

얼음
데킬라 … 60㎖
트리플 섹* … 30㎖
애플 브랜디 … 15㎖
백년초 시럽 … 30~60㎖
레모네이드 … 60㎖
민트(장식용)

잔 테두리에 묻힐 재료
칠리파우더 … 1꼬집
굵은 설탕 … 2큰술
라임 조각 … 1개

* 오렌지 향을 가진 무색 투명한 리큐어다.

1. 칵테일잔을 넣을 수 있는 크기의 그릇에 칠리파우더와 설탕을 넣고 섞어서 잔 테두리에 묻힐 재료를 만든다. 칵테일잔 2개의 테두리에 라임 조각을 문지른 후 설탕 혼합물 그릇에 살짝 넣었다가 뺀다. 잔에 얼음을 절반만 채우고 옆에 놓아둔다.

2. 칵테일 쉐이커에 레모네이드와 민트를 제외한 칵테일 재료를 모두 넣고, 여러 번 흔든다. 얼음이 담긴 잔 2개에 칵테일을 나눠서 붓고, 레모네이드를 추가한다. 민트로 장식한 후 맛을 본다.

요리사의 팁 : 백년초 시럽이나 백년초 열매를 구하기 힘들다면, 라즈베리나 석류 시럽으로 대체한다. 이 레시피만의 독특한 향과 맛을 살리지는 못하겠지만, 아름다운 색깔은 비슷하게 재현해낼 수 있을 것이다.

체리 그로그주

모험가들은 오래된 폐허나 숲으로 뒤덮인 야생지대 어디를 가더라도 항상 건강이 중요하다. 달콤하고, 시큼하고, 강렬하고, 향이 강한 '체리 그로그주'는 적들을 물리치는 데 도움이 된다.

숙련도: 수습생
준비 시간: 5분
분량: 2인분
어울리는 음식: 고블린 쿠키 (171쪽)

얼음
진저비어 … 180㎖
럼 … 130㎖
타르트체리주스 … 90㎖
라임주스 … 45㎖
라임 슬라이스 또는 체리(장식용)

칵테일잔 2개에 얼음을 절반만 채운다. 장식용 재료를 제외한 모든 재료들을 칵테일 쉐이커에 넣고 흔들거나, 유리병에 넣고 젓는다. 잔 2개에 나누어 붓고, 체리나 라임(또는 둘 다)으로 장식한 후 마신다.

가르의 운향귤즙

숙련도: 수습생
준비 시간: 10분
냉각 시간: 30분
분량: 2인분
어울리는 음식: 생선이 들어간 수프

바다를 누비며 무모한 모험을 즐기는 해적들은 괴혈병 예방 차원에서 바질을 우린 라임에이드를 즐겨 마신다. '가르의 운향귤즙'은 노련한 선원들은 물론 신입들도 반드시 챙겨 마셔야 하는 음료다!

뜨거운 물 … 2컵

라임(겉껍질을 갈아 제스트를 만들고 즙을 짜놓기) … 큰 것 4개

레몬(겉껍질을 갈아 제스트를 만들고 즙을 짜놓기) … 1개

설탕 … 3큰술

신선한 바질 또는 타라곤 … 2줄기

찬물 … 1~2컵

얼음

신선한 허브(장식용)

1. 중간 크기의 그릇에 뜨거운 물, 레몬즙과 제스트, 라임즙과 제스트, 설탕을 넣는다. 설탕이 모두 녹을 때까지 저은 후 바질을 넣는다. 그릇에 핸드믹서를 넣고 섞거나, 일반 믹서에 옮겨 담아서 섞는다. 큰 덩어리나 잎의 형태가 남지 않을 때까지 섞으면 예쁜 초록색 음료가 완성된다. 체에 걸러서 깨끗한 유리병에 붓고, 찬물을 더한다. 최소 30분간 냉각시킨다.

2. 음료가 충분히 시원해지면, 얼음이 담긴 유리잔에 부은 다음 신선한 허브로 장식한다.

겨울 할아버지 꽁꽁주

숙련도: 대가
준비 시간: 10분
조리 시간: 30분
분량: 약 8인분
어울리는 음식: 애플 사이다 도넛, 구운 돼지고기

겨울맞이 축제는 따뜻한 '겨울 할아버지 꽁꽁주'가 있어야 비로소 완벽해진다!

사과 ⋯ 작은 것 4개
황설탕 ⋯ 1컵
계핏가루 ⋯ 1큰술
오렌지 ⋯ 중간 크기 1개
정향 ⋯ 1큰술
에일 맥주 ⋯ 1050㎖
사과주스 ⋯ 950~1500㎖
브랜디 ⋯ ½ 컵
메이플 시럽 ⋯ ½ 컵
축제일 향료(19쪽) ⋯ 1큰술
계피 스틱 ⋯ 2개
달걀(흰자, 노른자 분리하기) ⋯ 큰 것 6개

1. 오븐을 175°C로 예열하고, 오븐팬에 유산지 또는 쿠킹 포일을 깐다.

2. 작은 공 모양 도구인 멜론 볼러 또는 자몽 스푼을 이용하여 사과의 심지를 파낸다. 이때 구멍이 나지 않도록 심지 부분만 잘 도려낸다. 설탕과 계핏가루를 섞은 다음, 사과의 움푹 파인 곳에 넣는다. 칼로 오렌지에 작은 홈을 파서 정향을 넣는다. 향신료를 채운 사과와 오렌지를 오븐팬에 놓고 오븐에 넣어 20~30분간 굽는다. 이때 사과가 부드러워지되 형태가 무너질 정도로 물러지지 않도록 주의한다.

3. 과일을 굽는 동안 달걀을 제외한 나머지 재료들을 큰 냄비에 넣고 중불에 데운다.

4. 그릇에 달걀노른자를 넣고 약 1분간 휘저어서 매우 옅은 노란색이 되게 한다. 다른 그릇에 흰자를 넣고 몇 분간 세차게 휘저어서 거품을 들어 올렸을 때 끝이 단단하게 서는 '스티프 픽' 상태를 만든다. 흰자에 노른자를 넣고 조심스럽게 포개듯이 섞는다. 3의 데운 맥주 혼합물을 화채 그릇에 붓고, 섞은 달걀도 넣는다. 그 위에 구운 사과와 오렌지를 동동 띄운다. 완성된 음료를 내열 머그컵에 따라 마신다.

요리사의 팁 : 오븐에 넣은 사과들 중 몇 개는 상대적으로 더 빨리 익어서 으스러질 정도로 물러질 수 있다. 이렇게 물러진 사과도 화채 그릇에 같이 담아도 된다. 약간 애플소스 같은 맛이 날 것이다.

하스글렌 불멸주

숙련도: 전문가
준비 시간: 10분
분량: 4인분
어울리는 음식: 향신료를 넣은 케이크, 고구마빵(89쪽), 고블린 쿠키(171쪽)

티리온 폴드링과 은빛십자군이 추천하는 '하스글렌 불멸주'는 쌀쌀한 가을 저녁이나 추운 겨울에 마시면 더할 나위 없이 완벽하다. 성기사들조차 식탁에 다리를 올린 편한 자세로 긴장을 풀게 만든다.

물 … 1컵

설탕 … ½ 컵

홍차 티백 … 2개

계피 스틱 … 1개

카르다몸가루 … ½ 작은술

메이플 시럽 … ¼ 컵

배(심지를 제거하고 깍둑썰기) … 1개

진 … ½ 컵

작은 냄비에 물, 설탕, 홍차 티백, 계피 스틱, 카르다몸가루, 배를 넣고 섞는다. 불에 올려 약 10분간 자글자글 끓이다가 불을 끄고 홍차 티백과 계피 스틱을 건져낸다. 여기에 메이플 시럽과 진을 넣고 따뜻할 때 마신다. 찻잔에 따라 마시면 가장 좋다.

꿀박하 차

숙련도: 수습생
준비 시간: 5~10분
분량: 4인분
어울리는 음식: 설탕 범벅 꽈배기 (189쪽)

민트 향이 진하게 풍기는 '꿀박하 차'에 꿀을 살짝 첨가해 천연의 단맛을 우려냈다. 노스렌드에 추운 날씨가 찾아올 때 주로 따뜻하게 해서 마시는데, 여름에 차갑게 해서 마시면 뜨거운 열기를 날려버리는 좋은 방안이 되어준다.

물 … 4컵

신선한 민트 잎 … ½컵

녹차 티백 … 3개

꿀(취향에 따라 준비)

작은 냄비에 물, 민트 잎, 녹차 티백, 꿀을 넣고 중불로 가열한다. 5~10분간 자글자글 끓이다가 체에 걸러 머그컵에 붓는다. 따뜻한 계절에는 냉장고에 넣어서 시원하게 마신다.

따뜻한 사과맛 탄산수

숙련도: 전문가

준비 시간: 15분

분량: 4~6인분

어울리는 음식: 서서히 구운 칠면조(141쪽)

향신료의 풍미가 가득한 '따뜻한 사과맛 탄산수'를 한 모금 마시면 뼛속까지 시린 주위가 어느새 사라질 것이다.

사과주스(무탄산) 또는 사과맛 사이다(탄산) … 1.9ℓ

축제일 향료(19쪽) … 1작은술

브랜디 … 1~2컵

황설탕 … 2큰술

계피 스틱(장식용)

오렌지 필*(장식용)

작은 냄비에 장식용 재료를 제외한 모든 재료들을 넣고 중강불로 가열한다. 약 10분간 자글자글 끓이다가 불을 끄고 내열 머그컵에 나누어 붓는다. 각각의 머그컵에 계피 스틱과 오렌지 필을 넣어 장식한다.

요리사의 팁 : 여기에는 애플 브랜디가 가장 잘 어울리지만, 스카치위스키나 셰리주 또는 럼을 넣어도 무방하다.

* 오렌지 겉껍질을 막대 모양으로 잘라 설탕에 절인 것이다.

밀림덩굴 포도주

숙련도: 전문가

준비 시간: 10분

과일 담그는 시간: 30분

분량: 약 10인분

어울리는 음식: 브리치즈와 과일잼

향기로운 과일 향이 나는 독한 '무법항 포도주'는 위험천만한 오우거들이 환장하고 달려들 만큼 위험한 데다 맛있다. 또한 작은 선박의 선원들이 다 마실 수 있을 정도의 양이니, 모두가 행복한 셈이다.

설탕 … ⅓ 컵

브랜디 … 1컵

트리플 섹* … ½ 컵

석류주스 … 1컵

사과(심지를 제거한 후 껍질을 벗겨서 작게 깍둑썰기) … 2개

석류알 … 1컵

오렌지(둥글게 썬 후 세모나게 자르기) … 2개

녹색 사과(심지를 제거한 후 깍둑썰기) … 큰 것 1개

기타 과일(포도, 딸기, 라즈베리 등) (선택 사항)

과일 향이 나는 레드 와인(750㎖) … 2병

큰 유리병에 설탕, 브랜디, 트리플 섹, 석류주스를 넣고, 설탕이 완전히 녹을 때까지 섞는다. 여기에 과일들을 모두 넣고 약 30분간 그대로 둔다. 과일들이 어느 정도 리큐어를 흡수하면 와인을 붓고 힘차게 휘젓는다. 여름에는 얼음을 넣어서 시원하게 즐기고, 추운 겨울에는 살짝 데워 마신다.

* 오렌지 향을 가진 무색 투명한 리큐어다.

과일동동 맛나주

숙련도: 수습생
준비 시간: 5분
분량: 1인분
어울리는 음식: 추적자 과자 (59쪽)

맛있는 음료수를 찾기 위해 세상에서 가장 높은 산이나 모든 것을 태울 듯이 뜨거운 사막에 가는 것도 마다하지 않는 타입이라면 이 조리법이야말로 당신의 용감한 모험심에 대한 보상이 될 것이다.

보드카 … 37㎖

럼 … 37㎖

미도리(멜론 리큐어) … 22㎖

크랜베리주스 … 조금

파인애플주스 … 60㎖

오렌지 슬라이스(장식용)

얼음

칵테일 쉐이커에 파인애플주스와 장식용 오렌지를 제외한 모든 재료를 넣는다. 얼음도 넣고 세차게 흔든다. 체에 걸러서 얼음이 담긴 칵테일잔에 담고, 그 위에 파인애플주스를 붓는다. 오렌지 슬라이스로 장식한다.

달빛주

숙련도: 수습생
준비 시간: 5분
분량: 1인분
어울리는 음식: 숲타조 다리 (125쪽)

달숲의 드루이드들은 축제를 제대로 즐길 줄 안다. 재료를 섞기만 하면 완성되는 달콤한 '달빛주'는 달의 축제를 즐기는 데 절대 빠져서는 안 될 존재다.

보드카 … 45㎖

엘더플라워 리큐어 … 45㎖

블루베리주스 … 45㎖

토닉워터 … 45㎖

심플 시럽(향은 취향대로 준비) … 15㎖

얼음

칵테일 쉐이커에 토닉워터를 제외한 모든 재료를 넣고, 세차게 흔든다. 체에 걸러서 얼음이 담긴 긴 유리잔에 붓고, 토닉워터를 추가한다.

요리사의 팁 : 달빛주를 자외선 불빛에 비추어보면, 숨겨진 진가를 확인할 수 있다.

판다렌 매실주

숙련도: 수습생

준비 시간: 5분

분량: 2인분

어울리는 음식: 삼조탕(111쪽), 신선한 과일

과일 맛과 청량한 탄산감이 좋다고 '판다렌 매실주'를 과하게 마시면, 주정뱅이 조구마저도 멀쩡해 보일 만큼 취할 것이다.

사케 … 45㎖

오렌지 리큐어 … 45㎖

자두잼 … 1큰술

얼음 … ½ 컵

차가운 프로세코(화이트 와인) 또는 샴페인

칵테일 쉐이커에 사케, 오렌지 리큐어, 자두잼, 얼음을 넣는다. 쉐이커를 빠르게 몇 차례 흔든 후 체에 걸러서 잔 2개에 나누어 붓는다. 그 위에 프로세코를 부어서 마신다.

진주 우유차

기운을 북돋우는 '진주 우유차'의 베이스는 단맛을 살짝 가미한 밀크티다. 바닥에는 꿀을 머금은 쫄깃한 타피오카 펄이 깔려 있어서 인간에게는 괜찮은 끼니가, 판다렌 종족과 같은 식욕을 가진 이에게는 든든한 간식거리가 된다.

숙련도: 대가
준비 시간: 5분
조리 시간: 30분
냉각 시간: 1시간
분량: 2인분
어울리는 음식: 단팥빵(85쪽)

밀크티 만드는 법: 취향에 따라 선택한 티백을 끓는 물 4컵에 넣고 약 6분간 우린다. 티백을 꺼내어 버리고, 연유와 우유를 넣고 휘저은 다음 냉각시킨다.

꿀 시럽 만드는 법: 작은 냄비에 설탕, 꿀, 물 1컵을 넣고 끓인다. 설탕이 완전히 녹아서 걸쭉한 시럽이 되면 불을 끈다. 밀크티를 냉각시키는 동안 타피오카 펄을 시럽에 넣고 1시간가량 두어 시럽을 흡수하게 한다.

음료를 만들 준비가 되면, 칵테일 쉐이커 또는 뚜껑이 있는 유리병에 밀크티와 얼음을 넣고 흔들어서 골고루 혼합시킨다. 유리잔 2개에 시럽을 흡수한 타피오카 펄을 넉넉히 몇 스쿱씩 나누어 담고, 그 위에 밀크티 혼합물을 붓는다. 긴 스푼 또는 버블티 빨대를 이용해서 마신다.

요리사의 팁: 타피오카 펄은 조리한 후 3시간 이내에 먹어야 한다. 차를 더 달게 만들고 싶다면, 취향에 따라 꿀 시럽을 더 추가한다.

물 … 5컵

티백(녹차, 홍차, 자스민차, 차이, 우롱차 등 취향대로 준비) … 5개

가당연유 … ½ 컵

우유(야크 젖이 가장 좋지만, 소젖도 괜찮음) … ½ 컵

비정제 설탕(원당) … ½ 컵

꿀 … ½ 컵

타피오카 펄(포장지에 적힌 대로 조리하기) … 1컵

얼음

볶은 보리차

숙련도: 수습생

준비 시간: 15분

분량: 1인분

어울리는 음식: 멀고어 양념빵 (83쪽)

판다렌 종족들은 보리로 맥주를 양조하는 대신 맛있는 차를 만든다. '볶은 보리차'는 조리법이 간단하고 쉬우면서도 영양이 풍부한 독창적인 음료다. 이 조리법은 판다리아의 곡창 지대인 네 바람의 계곡에서 만들어졌다. 여러모로 건강에 좋다고 명성이 자자할 뿐만 아니라 계절에 상관없이 차갑게 또는 따뜻하게 해서 마실 수도 있다.

통보리 … ¼ 컵

끓는 물 … 1½ 컵

꿀(취향대로 준비)

1. 먼저 통보리를 마른 궁중팬에 넣고 중약불에 살짝 볶는다. 통보리가 타지 않고 골고루 볶아지도록 중간 중간 저어준다. 통보리가 황금빛 갈색으로 변하면 불을 끈다.

2. 끓는 물에 보리를 약 5분간 우린다. 취향에 따라 그대로 마시거나 꿀을 넣어서 달게 만든다.

3. 만드는 양은 사람 수에 따라 얼마든지 늘릴 수 있다. 한꺼번에 많은 양을 만든 다음 냉각시켜서 나중에 마셔도 된다. 남은 볶은 보리는 밀폐용기에 보관한다.

남쪽 섬 냉차

숙련도: 수습생
준비 시간: 5분
분량: 진하게 우린 차 1잔
어울리는 음식: 땅콩 닭꼬치 (139쪽)

대격변이 아쉬운가? '남쪽 섬 냉차'를 한잔 마셔보면 생각이 바뀔 것이다. 일반 냉차에 파인애플을 추가해서 보다 재미있고 신선하게 재해석했다.

골드 럼 … 15㎖

진 … 15㎖

보드카 … 15㎖

데킬라 … 15㎖

트리플 섹* … 15㎖

스위트 & 사워 믹스 … 30㎖

파인애플 소다

얼음

칵테일 쉐이커에 주류들과 스위트&사워 믹스를 넣고 몇 분간 힘차게 흔든다. 얼음이 담긴 긴 유리잔에 붓고, 그 위에 파인애플 소다를 붓는다.

* 오렌지 향을 가진 무색 투명한 리큐어이다.

겨울맞이 에그노그

숙련도: 대가
조리 시간: 10~15분
분량: 6~8인분
어울리는 음식: 생강 과자빵 (169쪽)

다양한 재료들이 혼합된 에그노그는 겨울 할아버지가 가장 좋아하는 음료로 생강 과자빵을 소화시키는 데 특효약이다.

우유(전지우유) … 3컵

설탕 … 1컵

달걀 … 중간 크기 6개

생크림(유지방 함량 36% 이상) … 2컵

바닐라 농축액 … 1½ 작은술

럼 … ¼ 컵

브랜디 … ¼ 컵

육두구 … 조금

큰 냄비에 우유와 설탕을 넣고 섞는다. 여기에 달걀을 넣고 휘저으면서 중불로 가열한다. 계속 휘저으면서 내용물이 눈에 띄게 걸쭉해질 때까지 10~15분간 데운다. 불을 끄고 체에 걸러서 깨끗한 유리병 또는 그릇에 붓는다. 여기에 생크림, 바닐라 농축액, 럼, 브랜디를 넣는다. 냉각시켜두었다가 며칠 이내에 마신다. 에그노그를 마시기 전에 육두구를 조금 갈아 넣는다.

잔치의 중요성

음식은 마치 마법처럼 사람들을 한데 뭉치게 한다. 이러한 특성 덕분에 잔치는 중요한 습격을 앞둔 파티 분위기를 부드럽게 만들어줄 뿐만 아니라, 아제로스라는 세계에서 중요한 사회적 요소로도 자리 잡고 있다. 잔치는 낯선 이들이 한자리에 모여 풍성한 수확을 함께 축하하고, 겨울 할아버지와 쿠키를 나누어 먹고, 귀족의 정원 축제에서 달걀 찾기 게임을 즐길 수 있는 기회다.

〈월드 오브 워크래프트〉에 등장하는 잔치와 축제들은 실제 세계와 겹치는 부분이 많다. 따라서 마음에 드는 게임 속 조리법을 골라 가족모임에 슬쩍 내놓아도 손색이 없을 것이다. 이 요리들은 당연히 맛도 좋지만, 목적에 따라 활용이 무궁무진하다. 현재 마음에 두고 있는 사람에게 깊은 인상을 남기고 싶은가? 그렇다면 '맛 좋은 초콜릿 케이크'만큼 사랑하는 마음을 잘 표현할 수 있는 음식이 없다. 아니면 아제로스를 벗어나서 길드원들과 보드게임과 맥주를 즐기는 저녁을 계획하고 있는가? 그렇다면 '대머리수리 꼬치'와 '속 채운 싱싱버섯'을 곁들이면 어떨까? 만약 의욕이 철철 넘친다면, 이번 추수감사절 음식을 모조리 순례자의 감사절 음식으로 바꿔보자. 어떤 자리가 되었든 '새콤달콤 덩굴월귤 소스'는 모든 음식에 기가 막히게 어울릴 것이다.

누구든 이 책에서 각자에게 맞는 조리법을 한두 개쯤 찾을 수 있을 것이다. 이 책의 조리법 목록을 바탕으로 여러 요리를 조합하여 당신만의 잔칫상을 얼마든지 만들어낼 수 있다. 또한 각 레시피마다 '어울리는 음식'을 추천해놓았는데 이는 단품 요리를 시작으로 풍성한 한 끼 식사를 차리는 데 도움을 주기 위해서다. 그러나 이에 국한하지 말고 마음대로 요리를 조합해보고, 획기적으로 바꿔보길 바란다. 그러면 언젠가 아제로스의 그 누구보다 연대감과 마법이 충만한 잔치를 창조해낼 수 있을 테니 말이다.

아제로스의 축제

가을 축제

호드와 얼라이언스 모두가 기념하는 가을 축제는 프렛첼, 치즈, 술 등 발효시킨 수확물들을 즐기는 시간이다. 또한 썬더브루, 발리브루, 고르독 등 쟁쟁한 양조장들이 대도시 밖에 모여 자신만의 특제 맥주와 벌꿀 술, 에일 맥주를 앞다투어 선보인다. 용감한 모험가들도 가을 축제에 참가해서 양조장들이 자신 있게 선보인 술들을 시음할 수 있다.

- 체더 & 맥주 딥소스
- 가을 축제 전통 프렛첼

할로윈 축제 … 핼러윈

할로윈 축제를 맞이하여 아제로스 전역에 아이들을 위한 게임, 사탕, 보상이 준비된다. 매년 로데론의 폐허에 세워진 언더시티 외곽과 스톰윈드에 할로윈을 위한 특별한 밀짚인형들이 배치된다. 그리고 네 시간마다 젠 그레이메인과 여군주 실바나스가 할로윈을 기념하기 위해 각 진영의 밀집인형들을 찾아서 불을 붙인다. 물론 작은 장난들이 없다면 진정한 할로윈이라 할 수 없을 것이다.

- 지옥 달걀과 햄

순례자의 감사절 … 추수감사절

순례자의 감사절은 음식과 나눔의 축제로 대도시 외곽에서도 진행된다. 이곳에서 맛있는 계절 음식이 가득한 잔칫상을 발견한 모험가는 자신이 직접 먹어도 되고, 남에게 베풀고 싶은 마음이 든다면 음식을 나눠줄 수도 있다.

- 고구마 맛탕
- 새콤달콤 덩굴월귤 소스
- 서서히 구운 칠면조
- 양념빵 범벅

겨울맞이 축제 … 크리스마스/설날

겨울맞이 축제는 모험가들이 맛있는 축제 음식을 맛보고, 신나는 눈싸움도 하고, 특별한 선물을 받는 시간이다. 여러 대도시에서 굴뚝나무 목장조합의 장사꾼들이 최고로 맛있는 축제 음식들을 판매하는 것을 볼 수 있다. 아니면 재료들을 구해서 직접 음식을 만들 수도 있다.

- 생강 과자빵
- 그라추의 엄마손 고기 파이
- 그라추의 말린 과일 듬뿍 케이크
- 겨울 할아버지 꽁꽁주
- 따뜻한 사과맛 탄산수
- 겨울맞이 에그노그
- 겨울맞이 숯불구이

'온누리에 사랑을' … 밸런타인데이

- 파티 초콜릿 케이크
- 맛 좋은 초콜릿 케이크
- 판다렌 매실주
- 부드러운 뾰족엄니 스테이크

다크문 축제

다크문 축제 기간에는 기묘하고 기상천외한 볼거리들이 연출된다. 전 세계 곳곳에서 이국적인 물건들을 수집하는 실라스 다크문 단장이 소개하는 다크문 축제는 아제로스의 경이로움과 신비함을 기념하는 자리다. 축제는 주로 미지의 지역에서 벌어지는데 가끔 엘윈 숲과 멀고어에 축제 현장으로 통하는 차원문이 설치된다.

- 숲타조 다리
- 양념 육포

해적의 날

해적의 날에는 전 세계 도시에서 일반인들이 해적 복장을 갖춰 입고, 공포의 선장 드메자가 이끄는 해적들이 무법항에 정박했다는 소식을 알린다. 그녀와 견배할 용기를 낸다면, 해적의 날을 맞아 명예 선원이 될 수 있을지도 모른다.

- 삶은 조개
- 체리 그로그주
- 돌연변이 물고기 별미

요리별 식이 제한 정보표

V=채식주의(페스코 베지테리언)　　V+=비건
CF=글루텐 프리　　V* & CF*=간단하게 채식주의 또는 글루텐 프리 레시피로 변형 가능

요리	V	V+	GF	요리	V	V+	GF
가르의 운향귤즙	V	V+	GF	서부 정통 스튜			
가을 약초	V	V+	GF	선인장 사과 별미	V	V+	GF
가을 축제 전통 프렛첼	V	V+		선홍딸기 타르트	V		
게살 케이크			GF*	설탕 범벅 꽈배기	V		
겨울 할아버지 꽁꽁주	V			속 채운 싱싱버섯			GF*
겨울맞이 숯불구이			GF	숲타조 다리			GF
겨울맞이 에그노그	V		GF	시큼한 염소 치즈	V		GF
고구마 맛탕	V		GF	쌀 푸딩	V		GF
고구마 빵	V			아롱다롱 경단	V		
고대 판다렌 향료		V+	GF	아이언포지 휴대 식량			GF*
고블린 쿠키	V			알 약초구이	V		GF
과일동동 맛나주	V*	V+		야생 철쭉 떡	V		
그라추의 말린 과일 듬뿍 케이크				양념 꽃 수프	V*		GF
그라추의 엄마손 고기 파이				양념 석류사과 저밈	V		
김 나는 염소 국수			GF*	양념 육포			GF
꿀박하 차	V	V+	GF	양념빵 범벅	V		
꿀이끼	V	V+		얼음 망고	V		GF
남쪽 섬 냉차	V*	V+		연어 숯불구이			GF
달라란 초코빵	V			열대과일 튀김	V	V+	
달빛주	V	V+	GF	오그릴라 닭발 튀김			GF*
당근 볶음	V		GF	옥수수 만나빵	V		
대머리수리 꼬치			GF	용숨결 질리			GF
더지의 기똥찬 키메로크 찹스테이크			GF	위핑 수프			
돌연변이 물고기 별미			GF*	저민 장가르 양송이	V*		
따뜻한 사과맛 탄산수	V	V+	GF	조개 수프			
딱딱한 크래커	V			지옥 달걀과 햄			GF
땅콩 닭꼬치			GF	진주 우유차	V		GF
뜨끈한 삼계탕				창조된 마나 사과빵			
라일라크 발톱	V			창조된 마나 찐빵	V		
맛 좋은 초콜릿 케이크	V			창조된 크루아상	V		
매콤한 야채 튀김	V*	V+	GF	체리 그로그주	V	V+	GF
맥주로 양념한 멧돼지 갈비			GF*	초콜릿 과자	V		
멀고어 양념빵				추적자 과자			
메추라기 구이			GF	축제일 향료	V	V+	GF
미지근한 야크구이 국				츄르릅 버찌 파이			
밀림덩굴 포도주				친절한 모저씨의 머핀			
바삭바삭한 박쥐 날개				칼도레이 건강갓빵			
버터듬뿍 밀 롤빵	V			텔드랏실정통 팥죽	V*		GF
버터 페이스트리 도우	V			튀긴빵	V		
벌꿀빵	V			파티 초콜릿 케이크	V		GF*
볶은 보리차	V	V+		판다렌 매실주	V	V+	
부드러운 바나나 빵	V			플레이키 파이 도우	V		
부드러운 뾰족엄니 스테이크			GF	하스글렌 불멸주		V+	GF
북지 양념	V		GF	호박 파이	V		
삶은 조개			GF*	단팥빵	V		
삼조탕			GF	황금 잉어탕			
새콤달콤 덩굴월귤 소스	V	V+	GF	휘핑크림	V		GF
생강 과자빵	V						

www.insighteditions.com

Copyright © 2018 Blizzard Entertainment, Inc. All rights reserved. Warcraft, World of Warcraft and Blizzard Entertainment are trademarks or registered trademarks of Blizzard Entertainment in the U.S. and/or other countries.

This Korean edition is published by arrangement with Insight Editions and Blizzard Entertainment, Inc.
All rights reserved. No part of this book may be reproduced in any form without written permission from the publisher.
이 책의 한국어판 저작권은 Insight Editions와 Blizzard Entertainment, Inc.의 정식 계약에 의해 사용, 제작되고 있습니다.
저작권법에 의하여 한국 내에서 보호를 받는 저작물이므로 무단 전재와 무단 복제를 금합니다.

Manufactured in Korea by ART NOUVEAU

글 첼시 먼로 카셀

첼시 먼로 카셀은 평생을 판타지 장르의 팬으로 살아온 예술가입니다. 그녀의 요리 작품은 마치 그녀가 좋아하는 판타지 장르의 설정처럼 상상과 역사적 연구를 통해 이루어지며 여기에 자신의 다방면적인 창의력을 더해 상상 속 요리를 현실로 만들어냅니다. 외국어와 보물찾기, 역사, 그리고 꿀과 관련된 모든 것을 좋아하는 첼시는 현재 남편과 늙은 개, 몸집이 큰 맹크스 고양이와 함께 버몬트에서 살고 있습니다.

1판 1쇄 발행	2018년 7월 13일
지은이	첼시 먼로 카셀
옮긴이	이보미
펴낸이	하진석
펴낸곳	ART NOUVEAU
주소	서울시 마포구 독막로3길 51
전화	02-518-3919
팩스	0505-318-3919
이메일	book@charmdol.com
신고번호	제313-2011-157호
신고일자	2011년 5월 30일
ISBN	979-11-87824-33-6 13590

BLIZZARD ENTERTAINMENT

Blizzard Director of Story and Creative Development: James Waugh
Lead Editor, Publishing: Robert Simpson
Senior Editor: Cate Gary
Art Editor: Logan Lubera
Producers: Jeffrey Wong, Rachel de Jong
Senior Manager, Global Licensing: Byron Parnell

Special Thanks
Dana Bishop, Sean Copeland, Evelyn Fredericksen, Frank Mummert, Justin Parker, Joanna Perez

www.blizzard.com